Editores: *Luiz Saegusa e Claudia Zaneti Saegusa*
Direção Editorial: *Claudia Zaneti Saegusa*
Capa: *Filipa Pinto e Eduardo Foresti*
Projeto Gráfico e Diagramação: *Casa de Ideias*
Revisão e Preparação de Texto: *Rosemarie Giudilli*
Finalização: *Mauro Bufano*
1ª Edição: *2021*
Impressão: *Lis Gráfica e Editora*

Dados Internacionais de Catalogação na Publicação (CIP)
(Câmara Brasileira do Livro, SP, Brasil)

Dias, Haroldo Dutra
    Mind : conheça e organize a sua casa mental / Haroldo Dutra Dias -- São Paulo : Intelítera Editora, 2021.

ISBN: 978-65-5679-010-7

1. Autoconhecimento 2. Autonomia (Psicologia)
3. Consciência 4. Emoções 5. Equilíbrio
6. Mente - Corpo I. Título.

21-80343   CDD-158.1

Índices para catálogo sistemático:

1. Autoconhecimento : Psicologia aplicada   158.1

Cibele Maria Dias - Bibliotecária - CRB-8/9427

Letramais Editora
Rua Lucrécia Maciel, 39 - Vila Guarani
CEP 04314-130 - São Paulo - SP
11 2369-5377
www.letramaiseditora.com.br
facebook.com/letramaiseditora
instagram.com/letramaiseditora

SUMÁRIO

INTRODUÇÃO 7

PARTE 1
A CASA MENTAL 11
   CAPÍTULO 1 - A CASA MENTAL E OS ELEMENTOS PSÍQUICOS ... 13
   CAPÍTULO 2 - A CONSCIÊNCIA 28
   CAPÍTULO 3 - PROCESSO DE OBSERVAÇÃO QUALIFICADA 52

PARTE 2
DETALHAMENTO DOS ELEMENTOS DA CASA MENTAL ... 77
   CAPÍTULO 4 - MACAQUINHA DA MEMÓRIA 79
   CAPÍTULO 5 - MACAQUINHA DAS EMOÇÕES 89
   CAPÍTULO 6 - MACAQUINHO DO PENSAMENTO 122
   CAPÍTULO 7 - MACAQUINHO DO EGO 139
   CAPÍTULO 8 - A INTERAÇÃO DOS MACAQUINHOS 150

PARTE 3
MEDITAÇÃO 169
   CAPÍTULO 9 - O ELEMENTO ÂNCORA DA MEDITAÇÃO 171
   CAPÍTULO 10 - CONCENTRAÇÃO, ATENÇÃO E PRESENÇA 204
   CAPÍTULO 11 - VIVER O AGORA 216

INTRODUÇÃO

A sociedade vive sob o efeito manada que ocorre quando as pessoas veem meramente os outros fazendo algo e imitam sem qualquer tipo de senso crítico.

Isso é muito comum quando assistimos ao noticiário, por exemplo, considerando que, às vezes, a mídia cria certo clima de preocupação, tristeza e angústia. Em consequência, passamos a expressar um comportamento de manada, que significa sentir o mesmo teor de tristeza, de angústia, sem qualquer reflexão. E por que isso ocorre? Porque alguns veículos de comunicação, ao fazerem reportagens e editarem informações, visam a nos escravizar, a nos manipular, de modo a enxergarmos apenas um ângulo do fato apresentado. Estar sob o efeito manada implica perder a autonomia, o raciocínio e o equilíbrio emocional para seguir simplesmente a multidão.

O meu objetivo neste livro é que você, leitor(a), recupere a autonomia, resgate o equilíbrio emocional e a serenidade, além da capacidade de raciocinar, avaliar e ter esperança. Esperança de que nós vamos vencer uma crise e sair dela mais fortes. Esperança de que vamos fortalecer nossos laços familiares, nossas relações, nossa vida profissional.

Neste estudo, além de apontar de que modo recuperar a autonomia, o senso crítico, o equilíbrio emocional e a serenidade, eu quero focar duas dores de grandes proporções que têm levado pessoas ao desespero: a primeira delas é a dor do passado.

Diante de uma dificuldade, ou mudança repentina em sua vida o indivíduo passa a relembrar o passado. Nesse momento, surge aquela dor vivida na infância, ou na adolescência, a dor de um relacionamento conflituoso, a dor de uma perda (demissão de um emprego, reversão inesperada de condição econômica ou financeira) etc.

Dor essa que provoca a permanência no *loop* da memória dolorosa. De modo similar, perante notícias desagradáveis assistidas ou ouvidas – entra-se no *loop* da memória da dor e se fixa no passado, revivendo-o.

Nosso propósito neste livro é trabalhar essa dor, essa lembrança de eventos dolorosos, uma questão bastante incisiva, presente no comportamento humano, e uma das causas de desequilíbrio, salientando que o processo de ativação da memória entristece, provoca angústia, depressão, pânico. Em resposta, o resgate da autonomia e, consequentemente, a autoproteção contra o efeito manada, além da liberação da dor do passado, a dor da lembrança.

A segunda dor de grandes proporções e que tem levado pessoas ao desespero é a dor sentida por indivíduos presos ao futuro. Na mente do indivíduo ansioso pelo futuro figuram questionamentos acerca do que poderá acontecer: em relação ao seu trabalho, se vai prosperar ou perder o emprego; se vai se casar e constituir uma família; ou ainda projeta sua ansiedade na economia do país sofrendo antecipadamente por um revés econômico totalmente incerto, expectativa que nenhum de nós pode afirmar se irá se cumprir de fato. Ao adotar esse comportamento ansioso, a pessoa adentra a "onda geral", perde o senso crítico e incorpora o efeito manada.

A concentração no presente, com foco total no agora é a base de todo nosso estudo e reflexão. Para tanto, eu usarei conceitos profundos, no entanto, não se trata de uma obra acadêmica. A ideia é que você pense autonomamente; não siga o meu pensamento, pois a minha função se limita a disponibilizar elementos para você pensar, raciocinar sobre a sua intimidade, a dinâmica da mente, como ela funciona e o porquê de duas dores: a dor do passado e a dor do futuro.

Vamos, igualmente, nesta obra conversar a respeito de meditação, de despertar da consciência, de equilíbrio de nossa mente e da busca pela iluminação espiritual. Por essas páginas, espero trazer momentos especiais a permitirem o fortalecimento, a robustez de seu espírito, de modo a enfrentar, serenamente, as atribulações da vida.

PARTE 1
A CASA MENTAL

CAPÍTULO

1

A CASA MENTAL
E OS ELEMENTOS PSÍQUICOS

Na sociedade há número expressivo de pessoas ansiosas, angustiadas, sem condições de se reequilibrar. Alguns têm experimentado ansiedade extrema, mesclada ao medo e à insegurança. Figuradamente, trata-se de um barril de pólvora a nos desestruturar intimamente, a subtrair nossa capacidade de raciocinar de forma clara, de ponderar e fazer uso do bom-senso.

E perder a capacidade de avaliar o meio ambiente e prestar atenção aos detalhes que nos cercam implica renunciar à nossa autonomia e nos tornar vulneráveis ao chamado efeito manada – momento em que nosso comportamento entra em consonância com a massa e o grupo que nos cerca.

Na introdução, foi mencionada a questão da dor gerada por quem fixa apenas o futuro e da dor que é ficar preso ao passado, rememorando experiências dolorosas da vida. Trata-se de dois aspectos do comportamento humano considerados tais quais os senhores, aqueles que ditam normas e nos tornam escravos.

Há indivíduos escravos do passado, cujas lembranças de experiências malsucedidas podem culminar a um quadro de tristeza e depressão, e, há aqueles escravos do futuro, que antecipam um fato, o que gera alta carga de ansiedade. Contudo, às vezes, há oscilação entre uma polaridade e outra.

Se neste momento, você está se sentindo triste, entediado, desanimado ou ansioso, então, está lendo o livro certo. Respire fundo e prepare-se para começarmos a conversar acerca de um tema maravilhoso – a casa mental, a casa de seu mundo íntimo, ou como diz Marisa Monte: "No meu infinito particular",[1] o seu universo particular, a sua intimidade, o seu mundo interior.

> **O seu mundo interior**
> **é um ambiente, é a sua casa,**
> **e o dono dessa casa é você.**

Como se trata de um mundo íntimo, há somente a sua consciência nessa casa mental. É, portanto, você quem dita as regras e exerce hegemonia sobre essa casa. Todavia, seu universo particular não está isolado do mundo,

---
[1] Verso da música *Infinito Particular*.

pois a todo momento você interage com o outro: marido, mulher, companheiro, companheira, filhos, pai, mãe, demais familiares, vizinhos, pessoas no trabalho. Da mesma forma que você possui sua casa mental, os demais também a possuem; cada pessoa em si é um mundo à parte.

A comunicação e a interação com o mundo não acontecem apenas por meio de pessoas, mas de ambientes – no local onde se vive, no entorno. Assim, diante de um ambiente abafado, frio ou agitado seu mundo interior reage de acordo com cada estado. De modo similar, em relação a um ambiente de individualismo, contrapondo-se a um ambiente mais cooperativo; ou a um ambiente marcado pela hostilidade, ou mais pacífico. Todos esses fatores são determinantes a afetar poderosamente o seu universo particular, a sua casa mental.

Se a limpeza da casa material é importante, pois uma casa sem a devida higienização é passível de poeira, resíduos de alimentos e consequentemente o surgimento de micro-organismos e pequenos insetos, igualmente, no que se refere ao nosso universo particular, no qual armazenamos, mas não cuidamos, permitindo que outros indivíduos sintonizem com os conteúdos que estamos cultivando. Por sua vez, situações, circunstâncias, estados de alma e emocionais são atraídos por uma questão energética, de frequência.

Muitos imprevistos acontecem na vida das pessoas levando-as, por vezes, ao desequilíbrio. É nesse momento que podem surgir as dores do passado e do futuro. Faz-se necessário, então, cuidar da casa mental focando no presente, no agora. E a prática da meditação é, acertadamente, uma ferramenta que traz serenidade, higieniza o nosso mundo interior e promove a limpeza da casa mental.

Mas, antes de adentrarmos a meditação, vou abordar e detalhar os quatro elementos ou forças psíquicas presentes em nosso mundo íntimo; elas não são apenas quatro, contudo, são elas que se destacam. Eu vou chamar esses quatro elementos, carinhosamente, de macaquinhos (duas macaquinhas e dois macaquinhos). A denominação "macaquinhos" surgiu da ideia de associação do comportamento do animal aos sinônimos dos vocábulos algazarra e bagunça. Onde? Dentro de mim, dentro de você, em nosso mundo íntimo.

Para este estudo, a imagem dos macaquinhos tem objetivo pedagógico lúdico. Considerando a profundidade e transcendência do assunto, optamos por utilizar esse recurso didático, a fim de o absorvermos de forma prazerosa. No processo de autoconhecimento, é preciso saber dosar para não se tornar algo árduo, um fardo que nos curve e oprima, pois à medida que mergulhamos em nossa intimidade, enxergamos sombra e luz.

O processo de despertamento da consciência deve ser conduzido com leveza, autoamor e ampla dose de perdão. O processo de iluminação do mundo íntimo permite que muitas questões, anteriormente obscuras, venham à tona, e, ao se tomar contato com tais conteúdos é perfeitamente natural que as pessoas sintam constrangimento, arrependimento e culpa. É por essa razão que eu recorro a um elemento lúdico (imagem dos macaquinhos), que nos permite rir de nós mesmos, rir um pouco de nossas dificuldades e mazelas, pois levar a vida com suavidade é essencial. O que não preconiza, em absoluto, abandonar os deveres, nem renunciar a convicções e valores, mas trazer amenidade para nossa vida.

Os quatro elementos da casa mental

O primeiro elemento da casa mental ou macaquinho é o EGO que eu vou denominar de a voz julgadora, a voz do juiz. A voz julgadora, ao avaliar, baseia-se em comparações. Vamos exemplificar: enquanto você assiste a uma palestra começam a surgir pensamentos de gostei/não gostei, agrada/desagrada, bonito/feio, gordo/magro, luminoso/escuro, doce/amargo, bom/ruim, dor/prazer; durante a leitura de um livro a "voz" passa a ler o livro, palavra por palavra; você decide ouvir música e a voz, igualmente, ouve a música.

Trata-se da voz do EGO, que representa a sua personalidade atual, no meu caso, é o Haroldo Dutra Dias, nascido em Belo Horizonte, 50 anos, que tem endereço, CPF, profissão etc. Mas, você é um espírito imortal que teve várias personalidades. O seu EU profundo não é essa atual personalidade, o seu EU profundo não é essa voz. Logo, você é uma consciência.

Nós não vamos discutir religião, mas eu não posso esconder minhas convicções. A consciência é imortal, a sua consciência está atenta a tudo, observa o primeiro macaquinho que é essa voz que jamais silencia e que julga e compara. E não adianta tentar silenciar esse macaquinho que julga com base em parâmetros. Tomemos de exemplo uma maçã que em comparação ao um grão de feijão é grande. Mas, em relação ao planeta Terra é muito pequena. Ao avaliar, portanto, os elementos que classificam uma coisa (pequena ou grande, bonita ou feia, doce ou amarga) é necessário comparar, pois julgamento sem comparação é impraticável.

O segundo elemento da casa mental é o macaquinho do PENSAMENTO, das ideias, conceitos, crenças, valores, princípios, de sua formação mental. É esse macaquinho intelectual que inspira e fornece os parâmetros para o macaquinho julgador.

É importante destacar que essa função psíquica tem alicerce no cérebro; um circuito de neurônios é ativado quando se tem a ideia, quando se está pensando. Nessa dinâmica, o córtex pré-frontal, que é a região da testa, e outras regiões são acionadas.

Os pensamentos são adquiridos desde o útero, eu particularmente creio que até de outras vidas, mas vamos nos restringir ao útero. Assim, os pensamentos foram gerados ao longo da primeira infância, adolescência, maturidade – as crenças que você foi acumulando, os conceitos aprendidos com seus pais, com as pessoas com quem viveu, o que leu em livros, o que recebeu do ambiente você acolhe como verdade.

É o seu referencial. Para exemplificar, vamos tomar um conceito: "A vida é injusta". Trata-se de um conceito, uma crença que você pode ter, manifestada em um conceito. Desse modo, você folheia uma revista e se depara com imagens de pessoas lindas e bem-sucedidas, em lugares paradisíacos, o que faz acionar aquele conceito: "A vida é injusta". É o macaquinho do pensamento que surge, aquele que fornece padrões, métricas, a régua para medir tudo. É o seu referencial.

Então, os dois macaquinhos: a voz julgadora e o intelectual habitam sua casa mental, seu mundo íntimo, e estão em constante interação. Vamos imaginar que você esteja atento a uma leitura, e o macaquinho do pensamento projeta que seu filho está jogando no celular há horas. Em complemento à informação, o macaquinho julgador assevera que seu filho deixa de estudar para jogar no celular. Basta ao macaquinho jogar um pensamento, que imediatamente o outro macaquinho começa a julgar sem parar.

A terceira função psíquica nós denominamos de macaquinha da LEMBRANÇA. Enquanto você presta atenção em algo, ela surge para lhe mostrar o que almoçou hoje, ou um recorte daquele desentendimento entre você e sua mãe, quando você tinha 12 anos. Ela ainda exibe aquele amor que foi embora, ou alguém que o prejudicou e causou grande prejuízo. A finalidade da macaquinha da lembrança é lembrar incansavelmente.

Desta forma, os três macaquinhos interagem sempre em perfeita sintonia. Um macaquinho chega com um pensamento, vem o outro e julga e compara.

Com base nisso, a macaquinha da lembrança joga lembranças que podem estar ligadas àquele relacionamento conturbado, a um casamento malsucedido, a um período de enfermidade etc. No entanto, há também lembranças de alegria: um bolo de aniversário, o nascimento de um filho, uma viagem. E você começa a interagir nesse mecanismo mental, identificando-se ora com o macaquinho do julgamento, ora com o macaquinho do pensamento, ora com a macaquinha da lembrança.

A quarta função psíquica está figurativamente expressa pela macaquinha das EMOÇÕES. De acordo com a neurociência, emoção é uma reação automática similar à pulsação do coração que independe da vontade de seu portador; ao transporte de oxigênio pelas hemoglobinas, que opera involuntariamente, pois o cérebro trabalha de forma automática.

As emoções são reações automáticas, que incluem mudanças fisiológicas: muscular (mais rígida ou mais relaxada); sob uma emoção o indivíduo tem produção de hormônios e de neurotransmissores: adrenalina, dopamina.

Você não tem controle, é o cérebro, denominado de cérebro primitivo, circuito das emoções, que funciona automaticamente, isso são as emoções.

A macaquinha das emoções, igualmente, executa um trabalho conjunto com os demais macaquinhos. O macaquinho do pensamento emite um pensamento que é imediatamente julgado pelo macaquinho do ego. Seguidamente, a macaquinha da lembrança entra em ação trazendo uma memória do passado. Por sua vez, o indivíduo é tomado de emoção: medo, angústia, inveja, despeito, tristeza, raiva, insatisfação, opressão, desânimo, culpa. E as emoções se sucedem.

Objetivo da meditação

Primeiramente, foi preciso apresentar a você, leitor(a), os quatros elementos de nosso mundo íntimo, pois o exercício da meditação é observar a voz interior, considerando-se que muitas pessoas não sabem que essa voz existe. Mas, ela existe e frequentemente tira sua atenção. O problema é que você acredita ser essa voz. Ela faz parte de você, mas não é você. Ela não o define.

Mas, afinal, o que é a meditação? Há quem acredite que meditar é anestesiar os quatro elementos da casa mental, ou melhor, os quatro macaquinhos. Contudo, isso não é possível.

Na meditação, o primeiro passo é aprender a prestar atenção. Hoje, vivemos em uma sociedade em que as pessoas não escutam, porque perderam toda a capacidade de prestar atenção.

Nessa situação, quem domina são os macaquinhos, que instituem a desordem dentro da casa. Assim, o primeiro elemento da meditação é treinar a atenção, é treinar o foco.

Ao iniciante de meditação, é muito frequente a interferência dos macaquinhos. E o primeiro equívoco é tentar expulsá-los da casa mental. No início da prática, junto ao exercício de respiração e expiração, comparece o macaquinho do pensamento, repleto de gráficos, índices e teorias, trazendo a informação acerca do vencimento daquele acordo bancário, por exemplo.

O indivíduo irrita-se e reage, argumentando que não consegue meditar, pois fixou na conta a vencer. Na sequência, o macaquinho julgador pontua a taxa abusiva dos juros bancários, e a macaquinha das emoções instala a tristeza pelo compromisso assumido com o banco. Para completar o ciclo, a macaquinha da memória traz lembranças daqueles momentos felizes da adolescência do indivíduo, isentos de maiores responsabilidades. Consequentemente, o indivíduo começa a chorar.

Nessa situação hipotética, constatamos que ao longo da meditação há discordância entre os elementos da casa mental e a consciência, que deveria apenas observar e não se aproximar demais dos macaquinhos. Resultado: a consciência, ao entrar em conflito, para de meditar.

É oportuno salientar que a função dos macaquinhos consiste na geração contínua de pensamentos, julgamentos, emoções, lembranças. Mas, sem organização e foco a casa mental torna-se um tumulto. E, então, vêm o cansaço, a sobrecarga, a angústia.

De início, vamos aprender que o objetivo da meditação não é conter, sedar os macaquinhos. Nesta oportunidade, eu vou apresentar de que forma a meditação atua em nosso mundo íntimo e o benefício que traz, uma ação muito mais eficaz do que anestesiar os macaquinhos. Antes, porém, vou explicar a psicologia dos elementos da casa mental, para você aprender a lidar com eles.

Psicologia dos elementos da casa mental

A primeira lição apregoada pela meditação é: os quatro macaquinhos moram em sua casa mental, em seu mundo íntimo. E eles não param. Mas, afinal, quem é o dono ou dona da casa? A sua consciência, que não fala, mas apenas observa.

A consciência pode ser fraca ou forte; apresentar-se mais frágil em pessoas que não cultivam o hábito da interiorização. Nesses casos, ela tende a se identificar mais facilmente com os macaquinhos que passam a dominá-la.

Há pessoas que dizem ser deprimidas, ansiosas ou tristes confirmando ser a emoção que sentem.

> **Você é infinitamente mais do que sua ansiedade, maior do que sua tristeza, infinitamente maior do que sua preocupação, seu pensamento, suas lembranças.**

É muito comum pessoas afirmarem que não conseguem sair de lembranças dolorosas trazidas por experiências traumáticas. Neste caso, a identificação com uma lembrança permitiu à macaquinha da lembrança, terceira função psíquica, a assumir o controle. A consciência, então, pautada pela fragilidade, silencia deixando a cargo da macaquinha da lembrança o gerenciamento da casa.

O primeiro benefício trazido pela meditação refere-se ao empoderamento de sua consciência. Ao desautorizar os macaquinhos, a meditação devolve o poder para a consciência.

A meditação observa a emoção. É imprescindível que você observe, seja por um ou por dez minutos de exercício, certamente vai experimentar 2, 3, 4, 5, 10 emoções diferentes. Apenas observe. Para a consciência, retomar o poder equivale a conhecer cada emoção, cada pensamento, cada lembrança, a voz julgadora e suas características, apontando assim para os macaquinhos quem é o dono genuíno da casa.

Para explicar o segundo conceito, vamos recorrer a uma analogia: o que acontece a uma pessoa que deixa de se alimentar? Enfraquece, e após certo tempo não consegue nem mesmo caminhar. Acertadamente, à consciência que se apresenta fraca e adormecida falta o alimento, o estímulo devido. Então, não alimentar a consciência diz respeito a conceder aos macaquinhos atenção plena, concorrendo para sua força e mais voz de comando. Quanto mais atenção você endereçar aos macaquinhos, mais vigorosos eles se tornarão.

Dar atenção é diferente de observar. Na atenção existe a interação. A macaquinha da lembrança joga aquela lembrança desagradável, um fato que aconteceu há algum tempo. Em resposta, a pessoa diz: "Nossa, eu sofri muito com isso, meu Deus, isso foi muito ruim!" Nesse momento de absoluta interação, é conferida importância exagerada ao movimento da macaquinha. E ao lhe conceder destaque, a consciência a empodera e o controle da casa mental passa a ser exclusivamente dela. Caso a consciência, jogue luz na emoção ansiedade, essa também ganhará foco e atenção desmedidos, e assim por diante.

Posteriormente, iremos detalhar esses dois aspectos: o da consciência frágil e a lanterna que a consciência tem e que lança luz àquilo que foca, auferindo poder.

A interação dos macaquinhos

Eles exercem influência de acordo com padrões de interação. Eles instituem certa confusão dentro de seu universo particular, todavia é uma confusão bastante organizada.

O padrão em mim, Haroldo, é diferente do padrão em você e nas demais pessoas. Independentemente do indivíduo, a interação dos macaquinhos está presente em toda casa mental. Para elucidar: você teve uma infância diferente da minha, os seus pais ou seus cuidadores se relacionaram com você de maneira totalmente diversa à minha.

Eu passei parte de minha infância morando em algumas casas, pois minha mãe era empregada doméstica e eu morava com ela em casas de família. Depois de certo tempo, eu passei a viver com meu pai. Neste exemplo, não tenho a pretensão de determinar comparação ou mesmo julgamento, apenas salientar que a minha infância teve caráter peculiar, próprio, nada que se assemelhasse a de meninos da minha idade.

Da infância adentramos a adolescência, e a minha, certamente, foi diferente da sua. Em sua vida adulta você teve situações conflituosas, relacionamentos que deixaram perfume e outros que deixaram espinhos e lembranças dolorosas. Ao longo de sua vida, você foi construindo memórias, lembranças, mas nem todas são iguais. Eu não sei o que foi servido no Natal, quando eu tinha 10 anos de idade, mas há fatos que ocorreram comigo na idade de 10 anos que eu lembro. Então, há um conjunto de lembranças gerenciado pela macaquinha da memória. Em nossa casa mental há padrões de recordação – fatos ou situações que lembramos diariamente e alguns que são acessados esporadicamente. De forma análoga, as emoções, em cada um de nós, são díspares – mais expressivas em certas pessoas e menos intensas em outras.

Em nosso universo mental há, igualmente, padrões de emoções, de lembranças, de pensamentos, de voz julgadora. As articulações julgadoras são infinitas, porém algumas são mais empregadas pelo nosso macaquinho do ego. Vamos considerar uma pessoa de crença preconceituosa em relação à orientação sexual de terceiros. Nesta atividade, o pensamento preconceituoso alimenta o macaquinho julgador que estimula a pessoa, a despeito do lugar onde esteja, a expressar a sua opinião, a emitir um juízo de valor de acordo com os critérios de orientação sexual que elegeu.

Outro padrão de emoção é a ansiedade, bastante sustentada por indivíduos que têm por hábito antecipar o futuro, cujas expectativas de vida são projetadas para algo incerto. Dado o psiquismo vulnerável do indivíduo ansioso, a performance dos macaquinhos (do pensamento, do ego, da lembrança) é perfeita e corrobora a criação de demais padrões. Em resumo: são os macaquinhos que desorganizam a mente, não a consciência. Toda vez que eu me comparo a alguém, não é a consciência, mas o macaquinho do ego, da voz julgadora que atua. Ou, sempre que eu sinto inveja de uma pessoa é a macaquinha da emoção que assume o controle, enfraquecendo a consciência.

Portanto, o movimento dos quatro macaquinhos resume-se em: competição, comparação, disputa, uma vez que o seu objetivo é chamar a atenção da consciência, o tempo todo. Então, destacamos: se a sua consciência não estiver desperta o suficiente, os macaquinhos a induzirão ao coma. A seguir vamos estudar a consciência, que é o seu EU profundo.

CAPÍTULO

2

A CONSCIÊNCIA

Grandes nomes da psicologia têm falado de um EU interior, de um EU profundo, da consciência. O que é a consciência? Você sabe que é um indivíduo, que é uma individualidade e que está vivo. Essa é a consciência. E quando começa a observar, percebe o que adentrou a sua casa mental, porque é da consciência o controle da casa.

Você identifica a estratégia de jogo da macaquinha das emoções quando ela lança, por exemplo, a emoção ciúme. Em resposta, você passa a experimentar raiva, medo. Ainda que as emoções mudem, a macaquinha continua a jogar emoções e a interagir com os demais elementos da casa mental.

> **Nossa consciência, que é o nosso EU profundo, nosso EU imortal, que viveu inúmeras vidas e milhares e milhares de experiências, tudo observa.**

Mas, qual o poder que ela tem? Dissemos no capítulo anterior que essa consciência tem uma lanterna e, quando ilumina, ela confere ênfase, realce e força.

Nosso mundo íntimo é magnífico e constantemente pautado pela interação dos quatro elementos psíquicos apresentados anteriormente. Continuamente, a macaquinha das emoções carrega nossa casa mental com diferentes emoções. Ao macaquinho do pensamento compete lançar um arsenal de ideias, conceitos, crenças que, ao serem constantemente focalizados pela consciência, ganham poder e se transformam em padrões. Ao macaquinho do ego e à macaquinha da lembrança competem influenciar nosso universo particular de acordo com as próprias especificidades.

Eu vou narrar um fato – trata-se de uma pessoa que viveu uma experiência difícil, um relacionamento afetivo conflituoso que deixou uma memória dolorosa e amarga. Após 40 anos do término do relacionamento, a pessoa ainda se lembra dos fatos, todos os dias. Vamos supor que o relacionamento tenha durado 10 anos, o que somam 50 anos na vida da pessoa. Por acaso, não teria acontecido mais nada nesse período, além dessa experiência malsucedida? Ocorre que a consciência focou tanto essa memória, que ela foi crescendo, tornando-se poderosa, cristalizada.

A consciência tem esse poder, e é isso que você deve entender, o poder que o seu EU profundo tem, pois tudo que foca, adquire vida: pensamentos, lembranças, emoções, julgamentos, vozes, comparações. A maioria das mulheres sabem bem o que é isso, quando se submetem à voz que compara: peso, medida, roupa etc. Os homens também se deixam escravizar por essa voz e comparam.

A sociedade, insistentemente, convida-nos a equiparar. Comparamos relacionamentos, pessoas, o que resulta na emoção inveja. Habitualmente, contrapomos o lado bom dos outros com a nossa parte não tão boa; jamais o inverso. Se eu estou saudável, não vou me comparar com alguém que está agora na UTI. A comparação que elaboramos é muito seletiva – o melhor dos outros com aquilo que julgamos ser o nosso pior. E essa operação ganha vida, a nossa consciência lhe dá vida, ilumina, pois é cocriadora. É um poder do EU profundo.

E nesse momento, em nosso universo particular, os macaquinhos dos pensamentos, do ego, das lembranças, das emoções deixam de ser macaquinhos para se transformarem em gorilas, em alguns casos se transformam em King Kongs, gorilas de proporções gigantescas, que não assumem apenas o comando da casa mental, mas leva a efeito uma segunda ação, mais danosa e perigosa, a de anestesiar a consciência. Por sabermos da complexidade que é o processo mental, estamos recorrendo ao elemento lúdico (os macaquinhos) para explicar o passo a passo dessa operação.

Avancemos um pouco mais em nossa reflexão. Vamos falar de outro atributo da consciência – a sua habilidade de formar uma mistura homogênea. A consciência, quando focaliza os quatro macaquinhos (lembrança, emoção, pensamento, julgamento) produz uma combinação que se assemelha à água misturada ao sal – uma solução homogênea de difícil separação, que os químicos denominam de simbiose.

Tratando-se de nosso mundo íntimo, ao conferir poder para um macaquinho ou mais de um, a consciência enfraquece e, aos poucos, adormece. Por sua vez, aquela lembrança, aquela emoção, aquele pensamento, aquela voz julgadora ganham força e se tornam grandes. Enquanto em seu interior alguns aspectos se transformam em gigantes, à sua consciência resta a posição de formiga muito pequena. Ela perde seu poder cocriador, visto que o entrega a um dos macaquinhos, senão aos quatro.

Analisemos a emoção tristeza, que experimentamos com certa frequência, uma emoção preciosa, pois está a serviço de nossa sobrevivência física, psíquica e de nossa adaptabilidade. A tristeza surge automaticamente. Então, a macaquinha das emoções joga a tristeza, contudo, nós não temos controle sobre essa ação. Mas, afinal, quando é que a macaquinha lança a tristeza? Quando nós perdemos algo: um nutriente, um afeto, uma oportunidade.

Essa emoção vem para que adotemos ações de recuperação, o que não significa recuperar exatamente aquilo que foi perdido. No rompimento de um relacionamento, por exemplo, a tristeza não vai trazer de volta aquela pessoa específica, mas vai ensinar o que é se relacionar.

O objetivo da emoção tristeza é nos transformar para aprendermos a lidar com as situações.

Em contrapartida, o que acontece quando a tristeza começa a se manifestar, e a consciência lhe concede muita importância? A macaquinha da emoção cresce e, em pouco tempo, está um gorila; aquilo que era tristeza se transforma em grande amargura, que ao se agravar permeia os contornos de uma depressão a tomar conta da alma da pessoa, ou melhor, de toda sua casa mental.

O mesmo ocorre em relação à ansiedade, que tem seu início marcado pela emoção antecipação que é algo natural, até o momento em que se torna frequente, dando oportunidade à ansiedade crescente. O indivíduo ansioso é aquele que antecipa tudo, que gasta 80% de seu tempo somente projetando o futuro. E a consciência, que é soberana em suas vontades, ao dar atenção demasiada à macaquinha das emoções a empodera. Nessa linha de pensamento nós podemos, por conseguinte, definir a emoção ansiedade como escravidão ao futuro, escravidão ao porvir.

> **O indivíduo ansioso não consegue aproveitar o agora, porque está sempre vivendo o que virá.**

Então, você coloca um prato maravilhoso para ele que não consegue aproveitar devidamente, porque já está pensando na conta. De posse da conta, ele está pensando em pegar o carro no estacionamento. O próximo passo é pensar em abrir o portão da garagem para entrar e, em seguida, pensar se vai tomar banho. Ele está sempre no que virá, esse é o indivíduo ansioso, aquele que não vive o presente.

E dando prosseguimento à análise dessa habilidade da consciência de formar uma mistura homogênea, vamos atentar para a macaquinha da lembrança. Diante de uma experiência negativa ou malsucedida, a função da macaquinha da lembrança é fazer um recorte do ocorrido, em que estarão registrados todos os detalhes do fato, e depois fixá-los na casa mental do indivíduo que vivenciou a experiência. E a consciência, por sua vez, ao realçar aquele recorte, confirma o poder de ação da macaquinha da lembrança. Consequentemente, a pessoa relembra o episódio em seus pormenores inúmeras vezes por dia, até chegar a ponto de se sentir acorrentada, algemada àquela lembrança. A vida continua com um milhão de memórias por minuto, mas aquela específica foi emoldurada.

De posse dessa informação, o macaquinho do pensamento entra em cena asseverando que não se deve confiar em pessoa alguma. Ao tomar essa assertiva como verdade, o indivíduo constrói a crença generalizada de que ninguém é confiável. Porque uma pessoa o feriu, aquela que lhe causou um mal, não deve confiar em qualquer outra das quase oito bilhões de criaturas humanas habitantes do planeta – uma ação que resulta na estagnação àquela memória, que ganha força e destaque.

A meditação, por sua vez, é a via segura, por meio da qual o indivíduo aprende a resgatar o poder da consciência, aprende a recobrar o foco. Levando-se em conta que existe um turbilhão criado pelos macaquinhos.

A meditação é um treino da atenção, é a musculação da atenção.

Justificativas de falta de silêncio interior, sono excessivo, tristeza, ansiedade e vontade de chorar no momento da meditação indicam que a consciência se misturou. Diversamente, reagir à influência dos macaquinhos vem preconizar que o controle é da consciência.

É primordial salientar que quando a consciência julga e compara não é mais a consciência, mas o macaquinho do ego que a sequestra. Se ao longo da prática da meditação surgir a lembrança de uma agressão física ou psicológica, e essa memória despertar raiva, certamente, não será mais a consciência, mas a macaquinha das emoções interagindo com a macaquinha das lembranças.

Vamos estabelecer uma analogia: como é que se extrai o sal de uma mistura de água com sal? Evaporando-se a água, uma vez que o sal fica embaixo, devido à sua densidade. Correlativamente, essa é a função da meditação, não separar o sal da água, mas acordar a consciência, desfazer a mistura. Há tantos com a consciência mesclada à tristeza, que chegam a afirmar: "Eu sou uma pessoa triste". Você não é uma pessoa triste, mas um espírito cocriador, dotado de uma fagulha, de uma centelha divina. O que você precisa é desfazer essa solução homogênea.

Não obstante, tornar a consciência livre não implica entrar em conflito ou expulsar os macaquinhos de seu mundo particular. Estudamos anteriormente que essa operação não é possível, porque na casa mental coabitam a consciência e os quatro elementos psíquicos. É pelo exercício regular da meditação que se aufere liberação à consciência ora estagnada, além da colaboração dos macaquinhos que de opositores passam a auxiliares, a seguros aliados da consciência.

Estratégias para acordar a consciência

O primeiro passo em favor do despertar da consciência é compreender que você não é o medo, você sente medo; você não é a raiva, apenas sente raiva; tem ideias e pensamentos, no entanto, é livre para mudá-los. Você ainda alimenta crenças, passíveis de remodelação, e alimenta certas lembranças, o que não impede de armazenar em seu mundo íntimo demais lembranças trazidas de sua experiência do cotidiano.

Ao se definir por determinada crença, lembrança ou emoção, a sua consciência renuncia ao próprio poder. A consciência não é tão somente a dona da casa mental, é praticamente a casa mental, é o espaço de ação dos macaquinhos e onde tudo acontece. A consciência é o nosso EU profundo, é a nossa verdadeira essência.

A consciência é você.

Eu preciso de estratégias para acordar a consciência. Quando você entende o que é a meditação e que seu real objetivo é despertar a consciência, arrebatá-la do composto homogêneo, torna-se mais fácil praticá-la. E despertar a consciência quer dizer iluminá-la, aprimorá-la e levá-la a outro degrau evolutivo. Para esse propósito, há centenas de estratégias, contudo, nós vamos trabalhar algumas sem a pretensão de esgotar o assunto, por ser ele passível de muito mais investigação.

A meditação deveria ser o nosso estado natural. Você pode estar pensando: "Quando tento meditar eu durmo." Sentir muito sono no início do exercício é natural, do mesmo modo que na leitura há pessoas que não estão acostumadas a ler. Ao se tornar um hábito, a dificuldade se extingue.

Para que meditar? Para entender que suas emoções não são você. Pelo exercício de meditação você deixa de acreditar que é o pensamento que tem, a lembrança que tem, que é a voz interior que julga e compara. A maioria das pessoas não percebe o amalgamar da consciência aos quatro macaquinhos, que engenhosamente atacam o maior poder da consciência – a ATENÇÃO.

É de fácil constatação, hoje, o alto nível de distração da humanidade. O mundo está repleto de desatentos. Por isso, a falta de foco, de presença. Eu tenho presença somente se tiver controle da atenção.

Vamos imaginar que sua consciência seja o Super-homem, todavia, os macaquinhos têm a criptonita. Ao apresentá-la à consciência os macaquinhos a enfraquecem, porque se trata de algo que distrai, que tira o foco. Sucintamente, a consciência abstém-se de sua habilidade de observar, permitindo-se mesclar, influenciar pelas artimanhas dos macaquinhos. Vamos tomar de referencial o medo, que se faz presente e é observado pela consciência. Em nível de observação apenas a consciência mantém sua autonomia. Mas, no momento que se deixa envolver pela articulação dos macaquinhos, a consciência se fragiliza, mistura-se e perde o controle, a autonomia, que traz a ideia de se isentar do poder de focar, de prestar atenção. Então, examinar, mas manter distância dos macaquinhos é imperioso, caso contrário, a consciência torna-se cativa.

Simulemos outra situação. Imagine-se muito cansado; seu objetivo é somente dormir, descansar. Contrariamente, o propósito de seu vizinho é ouvir música em volume muito alto. O desejo de seu vizinho transformou-se em um obstáculo para você, e, perante um obstáculo, a emoção que normalmente surge é a raiva, que leva à ações para remover o obstáculo que podem contornar, destruir ou absorver.

Vamos lembrar que nessa ilustração, a consciência, apesar de ter observado essa raiva, aproximou-se demais e se confundiu. A raiva, por sua vez, assumiu grande proporção e tomou conta de sua casa mental. Por conseguinte, você se agitou, descontrolou-se e perdeu absolutamente a autonomia, justamente porque não se limitou a observar.

Em dado momento, você começa a acreditar que é a própria macaquinha das emoções, ou ainda passa a se identificar com certa emoção. Há pessoas que reconhecem apenas a emoção tristeza, não conseguem perceber a alegria; outras se identificam somente com a alegria, e quando uma dor ou dificuldade se avizinha, a pessoa se desestrutura.

Foi feita uma pesquisa curiosa na Europa, de que quando começa o verão naquela região, as taxas de suicídio aumentam. Essa alta taxa de suicídio ocorre porque no inverno algumas pessoas cultivam a tristeza e, então, permanecem fechadas dentro de casa. Com a chegada do verão, no entanto, as pessoas saem de casa, e a pessoa que enfatiza somente a tristeza, ao constatar os outros felizes, ativa o macaquinho da voz interior, o da comparação, e passa a equiparar a alegria dos outros à tristeza que sente. Infelizmente, aquela emoção se transforma em um gatilho que leva a pessoa a adotar um ato extremo, o de dar fim à própria vida. Lamentável.

Afinal, quem empoderou, quem deu voz à tristeza? A consciência. E devolver à consciência o poder de observar sem se confundir, sem se aproximar, não incide em erradicar a tristeza de nosso interior, mas estarmos aptos a focar além da tristeza. O que não significa que apenas a meditação reverta totalmente o quadro, em todos os casos, pois há casos que requerem ajuda profissional. Perante um quadro de falta de equilíbrio emocional, a ajuda de psicoterapia, de suporte medicamentoso com avaliação de psiquiatra, de tratamento espiritual, religioso são essenciais, pois nesse estágio toda a química cerebral do indivíduo já está afetada. Todos os meios, desde o suporte medicamentoso, o apoio da psicoterapia, da psiquiatria e do tratamento espiritual devem ser empregados no sentido de ajudar o paciente a enxergar a questão sob novo prisma, a libertar sua consciência daquela identificação.

Faz-se necessário salientar que o meu propósito não é levar às pessoas a falsa impressão de que a meditação seja um remédio curador milagroso. A meditação auxilia, inclusive no seu tratamento psicoterápico ou psiquiátrico, no seu tratamento espiritual e inclusive em sua religiosidade. A meditação propicia mais intensidade, mais conectividade com o divino, e suas orações tornam-se mais profundas. Você passa a aproveitar mais a sua terapia, a aproveitar bem mais o seu medicamento.

Diferentes níveis de consciência

Em *Pensamento e vida*[2] há um conceito para mim fundamental, verdadeiro, e a verdade, não importa onde esteja, deve ser buscada sempre. Assim, eu busquei esse conceito: "A mente é o campo (aqui é usado um conceito de física, de eletromagnetismo) da consciência desperta, na faixa evolutiva em que o conhecimento adquirido nos permite operar."

Quanto mais evoluímos, mais aquisição de experiência e conhecimento. E não é apenas conhecimento através do *Google*, ou mesmo aquele trazido pela leitura de livros, é conhecimento prático, de experiências vividas. Entretanto, nosso nível de conhecimento e de evolução de consciência não ocupam o mesmo patamar. Há consciências ainda muito primárias, pueris, e consciên-

---

2 XAVIER, Francisco C. Pelo Espírito Emmanuel. *Pensamento e vida*. FEB Editora.

cias muito amplas (Sócrates, Chico Xavier, os sábios da Índia) são exemplos de consciências muito acima da média. Isso mostra que a mente depende do grau evolutivo e o grau evolutivo depende do conhecimento adquirido, da vivência, da prática adquirida.

Vamos analisar a expressão: "A mente é o campo da consciência desperta", sendo que há a consciência desperta e a consciência adormecida. Mas, o mais importante a saber é que temos vários graus de despertar (uma consciência pode estar desperta apenas 2%, outra 10%, outra ainda 40% desperta etc.), ou seja, quanto maior o grau espiritual do ser humano, maior o degrau evolutivo e mais desperta é a consciência.

Pensemos em Mahatma Gandhi e ao compará-lo à média das pessoas concluímos que ele estagia em grau de consciência desperta maior. Irmã Dulce, Madre Teresa de Calcutá, duas católicas; para citar protestantes, Albert Schweitzer, Martin Luther King; um judeu, Adin Steinsaltz, grande rabino; um muçulmano, Rumi e tantos outros gravitam em grau mais elevado, com a consciência mais desperta, porque estão em degraus evolutivos maiores; à medida que se eleva, que degraus evolutivos são galgados, a consciência desperta, amplia-se.

Geralmente, ao se vivenciar uma experiência desafiadora e marcante, a consciência desperta; imagine que ela estava 10% acordada e após a experiência se tornou 15% acordada. Mais à frente, vive-se outra experiência, um desafio, que não precisa ser propriamente a dor, mas uma experiência de amor, como a chegada de um filho. A partir dessa experiência, o indivíduo passa a realizar atividade em favor do outro, atividade de caridade, engajamento, e quanto mais ajuda, mais aguçada se torna a consciência, porque o amor é, igualmente, a grande força da evolução, não apenas a dor.

Esclarecido esse aspecto, vamos entender a definição de consciência e de mente. Para elucidar essa ideia, vamos usar a imagem de uma vela. Ao acendê-la é possível ver que em torno da chama forma-se um halo de luz. No escuro, ao se acender a vela, quanto mais próximo se estiver dela maior será o halo de luz e quanto mais distante, menor ele será. No campo da física, esse halo é denominado campo eletromagnético (magnético e elétrico).

Da mesma forma, acontece com o ímã, devido ao campo magnético, em relação a um prego: quanto mais se aproxima, mais o ímã puxa. Se você se afasta, a atração torna-se mais fraca. O campo de luz de uma vela é o espaço em que a luz da vela atua, quanto mais distante da vela você estiver, mais a luz diminui, mas nunca chega a zero.

Podemos comparar a mente ao campo da consciência, então, a consciência seria a vela, o ímã, pois é a geradora do campo, enquanto a aura de luz seria a mente, a casa mental. Eu estou usando aqui uma linguagem metafórica, mas não a interprete literalmente, pois é apenas um símbolo. Portanto, a consciência gera, produz; a aura de luz que ela produz é a mente. Uma consciência que já viveu muitas experiências, que está em um degrau maior, é uma consciência mais desperta. Logo, a vela (consciência) é maior e, consequentemente, o halo de luz (mente) que ela gera é mais abrangente.

Santa Tereza D'Avila, na obra *As Moradas do Castelo Interior*, traz uma metáfora importante que compara nossa mente a um grande castelo com vários obstáculos (lago com crocodilos, jardim com cobras, salas diversas) até chegar no centro onde fica o trono do rei. Para ela, no centro de nossa mente está Deus que se comunica conosco quando acessamos nosso Eu profundo. Mas, para isso temos de vencer vários obstáculos. A consciência é a parte mais central, o núcleo; onde está o gérmen da divindade é nosso DNA divino.

Por essa razão, que nossa consciência é cocriadora. Eu tenho absoluta convicção de que existe uma inteligência suprema, que existe um Deus, que é o criador, todavia, nós também somos cocriadores, pois criamos juntos na criação dEle. Nós cocriamos a nossa vida ao fazermos escolhas (o que vamos dizer, a palavra que vamos empregar, o tom de voz) e isso tem consequências, isso cria, deixa marcas nas pessoas, afeta os relacionamentos, pois a maneira que usamos a palavra retrata um poder cocriador.

Para ilustrar melhor, pense na sala de sua casa, imagine-a vazia, sem mobília, somente as paredes, apenas o espaço. Em seguida, observe sua sala, o que há dentro dela? Nada. A mobília seriam os macaquinhos. Se eu tirar seus pensamentos, suas emoções, suas lembranças, a voz julgadora e comparadora do ego, o que fica? Fica o espaço. Logo, a sala é a consciência.

A sala está vazia, e nós vamos colocar dentro dela a macaquinha das emoções. À medida que a consciência desperta, ela percebe tais emoções. A macaquinha das lembranças chega trazendo diversas memórias. Em seguida, o macaquinho do pensamento repleta sua sala de ideias, de conhecimentos, de teorias, de crenças. E por último, o macaquinho do ego instala-se e passa a julgar e a comparar: bom/ruim, certo/errado, baixo/alto, magro/gordo. É a voz de sua atual personalidade, que permanece na sala falando o tempo todo.

De acordo com nossa reflexão, a consciência possui graus de iluminação e despertar distintos. Assim, há consciências velinha, consciências vela enorme, aquelas que são farol e há as consciências sol. Mas, independentemente de sua capacidade de iluminar, é ela que cria, que cocria, que gera. A consciência, porém, apesar de seu poder de expressão, pode adormecer. Passaremos a analisar o porquê de muitas consciências estarem adormecidas.

Vida exterior e vida interior

Os macaquinhos são emanações da consciência, são materialização da consciência, ou se você preferir, são a consciência tomando forma para se expressar. Mas, e se a consciência já estiver em nível de adormecimento? Essa é a grande questão, pois nós somos, constantemente, estimulados a viver puramente no exterior. Por isso que ao sermos obrigados a entrar em quarentena, em razão de novo vírus, tudo se torna muito difícil. Em compensação, o que nos atrai na vida exterior? Há os quatro P's: poder, prestígio, prazer e posse. A pessoa busca a vida exterior porque quer prazer, quer possuir algo material, almeja prestígio, fama, deseja ser reconhecida, aplaudida, ou visa ao poder, a determinar, a comandar – essa é a dinâmica da vida exterior.

Tais anseios do ser humano não são necessariamente ruins, mas sim o excesso, o exagero. A maior parte do tempo nós vivemos na vida exterior, sem nos ater à vida interior, espaço de hegemonia da consciência.

A humanidade materialista criou nas sociedades um condicionamento multimilenar, que é o de viver apenas no exterior. Em consequência, houve redução, atrofia da vida interior. Em verdade, deveria haver equilíbrio dinâmico, contrapondo-se ao equilíbrio estático – equilíbrio dinâmico do exterior com o interior. Seria algo semelhante ao movimento de um pistão de motor, em que há um balanço, um sobe e o outro desce, ao equilíbrio dinâmico na vida.

Assim, eu trabalho, realizo e expresso, por conseguinte preciso reservar um tempo para voltar para o meu interior. Novamente, volto para o exterior, atuo, concretizo e retorno para cultivar o interior, tenho *insights*, percepções etc. O movimento deveria ser esse, porém em muitos casos a consciência está adormecida, totalmente anestesiada – cenário ideal para a atuação dos macaquinhos que crescem até virar gorilas.

Caso sua consciência esteja absolutamente absorvida pela influência dos macaquinhos, e você não consiga distinguir o que é macaquinho, do que é consciência, então, será árduo o trabalho que terá de desenvolver a fim de separar sua consciência dos quatro macaquinhos, visando despertá-la do entorpecimento. Não tem nada de extraordinário nessa dinâmica, qualquer pessoa pode despertar sua consciência. Porém, não será com a leitura desse livro e com meditação, em alguns dias, que sua consciência ficará igual à de Gandhi.

Para registrar a relação da consciência com os quatro elementos psíquicos, vou narrar uma história, é uma parábola oriental contada pelos monges do Tibete. Conta-se que para se chegar na cidade que fica aos pés do monte do Tibete, era preciso passar por uma estrada muito longa, deserta e extremamente perigosa, localizada em um vale muito grande. Devido ao número expressivo de ladrões ao longo de toda estrada, escondidos em cavernas e montanhas, os peregrinos decidiram não mais viajar sozinhos, mas em caravanas. Mas, os ladrões, ao perceberem a extensão das caravanas, passaram a se organizar e em vez de atacarem a caravana como um todo, porque teriam menos chances de sucesso, resolveram efetuar pequenos assaltos ao longo da jornada. Para as caravanas tratava-se de uma situação muito desconfortável seguir seu percurso sofrendo dez, vinte, trinta pequenos assaltos. O assaltante chegava, roubava três, quatro pessoas e corria. Mais à frente, roubava mais alguns e sumia. Eles se revezavam.

Os peregrinos não sabiam mais de que forma resolver a questão até que um sábio teve uma ideia: contratar os assaltantes como guarda-costas. A proposta foi aceita e aqueles ladrões tornaram-se os guarda-costas dos peregrinos, e não houve mais assaltos.

O que podemos aprender com essa história? Enquanto você estiver brigando com os macaquinhos, eles serão assaltantes. Eles perturbam constantemente sua consciência, com o intuito de sequestrá-la. O objetivo dos macaquinhos é se aproximar para anestesiar sua consciência, fazendo-a se confundir com eles – para que fique brava e triste e comece a julgar e a comparar.

A estratégia, então, é não se incomodar com os macaquinhos. Dê aos macaquinhos o direito de existir, pois quando você assim procede, após longo tempo, eles passam da função de assaltantes à função de guarda-costas da consciência, tornando-se protetores.

Analisemos outro contexto: a emoção medo é prejudicial? Se não fosse o medo, nós não sobreviveríamos por milhões e milhões de anos de evolução, pois o medo é uma resposta automática para nos proteger de uma ameaça. De modo similar, a tristeza é a emoção que protege da perda; a alegria reforça que algo é bom, proveitoso e deve ser conservado. A raiva é uma emoção que revela a existência de um obstáculo a ser superado, contornado, e, à emoção empatia cabe a função de mostrar que precisamos compreender para gerar união, e que a união nos torna seres emocionalmente mais fortes.

E, novamente, nesse momento de reflexão eu enfatizo a prática da meditação como a ferramenta, a viagem interior apta a transformar os macaquinhos, de assaltantes em guarda-costas. Mas, preste atenção, por mais que se transformem em protetores, eles jamais irão renunciar à sua essência, às características próprias. Desse modo, o macaquinho da voz julgadora vai continuar em seu papel de falar, julgar e comparar; a macaquinha das emoções vai gerar emoções; a macaquinha da lembrança e o macaquinho intelectual vão seguir atuando de acordo com suas peculiaridades.

Meditar é acordar a consciência. É reintegrar a consciência no papel de dona da casa mental e expressar o poder de cocriar, transformar, dar e ter vida.

Nos próximos capítulos, vamos aprender como transformar os macaquinhos em aliados, para que deixem de anestesiar e passem a cuidar do EU profundo.

Fisiologia das funções psíquicas

Denominamos, carinhosamente, as funções psíquicas de macaquinhos. Estudamos que a maioria das pessoas entra em conflito com suas funções psíquicas quando deseja exercer controle sobre elas. Insistentemente, nós tentamos controlar as emoções, as lembranças, os pensamentos e também o ego, a voz interior que julga, compara e palpita o tempo todo.

Mas, para controlar, há dois aspectos a considerar: quem quer controlar precisa focar sua atenção em seu objeto de desejo; e, ao focar com essa atitude de realmente querer controlar há um gasto muito grande de energia psíquica. É por essa razão que o indivíduo controlador acredita ter tudo sob a sua supervisão: ele quer controlar o tempo, o humor dos filhos, o paladar das pessoas etc. Ao dar autonomia ao macaquinho da voz interior, o indivíduo dispensa energia considerável na tentativa de dominar pessoas e situações, o que é impossível de acontecer.

    Todos nós apresentamos essa característica, é o macaquinho do ego, da voz interior atuando em nossa mente. O meu macaquinho do ego, por exemplo, tem um problema com o trânsito. O meu trabalho fica a 25 km de distância de minha casa, ou seja, são 50 km entre ir e voltar do trabalho. Eu entro no carro, e o macaquinho do ego aplica uma anestesia geral em minha consciência, assume o controle e toma o volante. Então, ele se transforma em um gorila superintendente do trânsito e passa a monitorar, vamos dizer, a atitude do motorista da frente, a controlar a quantidade de carros na rua e a velocidade de cada um etc.

    O próximo passo é o recrutamento da minha macaquinha das emoções. E eu passo a sentir raiva, ansiedade, e o macaquinho querendo controlar: "Que trânsito mais lento!" Logo, vem o julgamento, a comparação. Em seguida ao movimento da macaquinha das emoções, surge a macaquinha da lembrança trazendo a memória daquele dia em que eu me atrasei e que, logicamente, hoje irei me atrasar de novo. E para coroar de êxito a atuação, a "confusão" que os quatro macaquinhos instalam na mente, o macaquinho do pensamento lança ideias de como deveria ser uma cidade evoluída, sem trânsito.

    De que forma manter o equilíbrio em situações adversas à nossa vontade? Eu entro no carro, eu ponho um áudio de meditação, um curso de idioma, um *podcast*, ou seja, eu procuro algo para focar minha atenção. Eu vou dirigir meditando, pois qualquer atividade edificante pode ser transformada em uma meditação.

Ouvir música proporciona momentos poderosos de meditação. Eu, particularmente, aprecio muito. Um compositor por quem tenho predileção especial é Stevie Wonder, e confesso que já adentrei a níveis de meditação ouvindo suas músicas, uma experiência impressionante. A oração, igualmente, é outra atividade interessante – eu posso ouvir uma oração meditativa.

Eu realizo altas meditações tomando banho, lavando louça, porque adoro água. Nadar, alongar, caminhar, pedalar, dançar, cantar, tocar, ler, fazer musculação, praticar pilates, yoga são atividades passíveis de meditação, levando-se em conta que há pessoas que não conciliam meditação à falta de movimento. Posteriormente, nós iremos abordar tipos de meditação. Por enquanto, estamos na fase de construir seus alicerces, seus conceitos fundamentais.

Inicialmente, gostaria de relembrar que os macaquinhos, ao atuarem em nossa mente, expressam-se em nossa fisiologia, o que pode desencadear gastrite nervosa, depressão e tantos outros problemas de ordem física.

Os macaquinhos não são abstratos, eles têm uma base fisiológica. Se você está ansioso, seu batimento cardíaco se altera; a adrenalina, que é produzida pelas suas glândulas endócrinas, é lançada em sua corrente sanguínea, neurotransmissores se modificam, toda sua fisiologia se altera. Uma constatação que nos faz concluir que não se trata de algo abstrato.

Quando eu escrevo acerca de lembranças, falo de movimentos que ocorrem em meu cérebro, pois regiões de meu encéfalo são acionadas quando eu lembro de algo, sinapses de meus neurônios são ativadas, circuitos neuronais são estimulados para que eu tenha uma lembrança. É físico, é orgânico, ou melhor, é fisiológico. Segue mais um exemplo: quando você tem uma ideia, circuitos neuronais são ativados, e se você fizer uma ressonância funcional, naquele momento, é possível verificar o consumo de energia e as regiões que estão sendo estimuladas.

Para ter lembrança, enxergar, observar, julgar, comparar, sentir emoções é necessário ativar o sistema nervoso, avivar circuitos neuronais em regiões específicas do cérebro: córtex pré-frontal, lobo parietal, lobo occipital, lobo temporal onde estão localizados neurônios com milhões de sinapses – tudo funcionando. Toda vez que acontece uma sinapse química há neurotransmissores sendo liberados, que podem atuar em glândulas endócrinas, com liberação de hormônios, que vão para a corrente sanguínea.

Por outro lado, se houver algum problema no cérebro, como na região da zona de Broca[3], que corresponde à região da fala, como um AVC, por exemplo, o indivíduo pode perder a capacidade da linguagem articulada.

O corpo é também constituído de nervos, que fazem parte do sistema nervoso periférico, os nervos estão es-

---

[3] Região descoberta por Pierre Paul Broca.

palhados por todo o organismo que alteram a contração muscular, o sono, o ciclo circadiano etc.

E, finalmente, o macaquinho do ego é o que responde por toda estrutura – pelo sistema nervoso central e periférico. O macaquinho do ego é o coroamento da evolução do ser humano físico. Assim, as funções psíquicas estão presentes no cérebro e são igualmente de âmbito fisiológico. Portanto, não pense nesses macaquinhos como algo abstrato, pois é fisiologia pura.

Sintetizando, os macaquinhos comandam a fisiologia, o batimento cardíaco, o glicocorticoide, que está relacionado ao nível de estresse. Eles também comandam os hormônios, a corrente sanguínea, o funcionamento da química cerebral, que são os neurotransmissores. Longe de ser abstratos, eles são uma extensão do corpo físico. Comparados a polvos, que atuam no sistema nervoso autônomo, seus tentáculos seriam a extensão de todo o corpo físico, de toda estrutura sensorial e perceptiva do corpo. E o que é o sistema nervoso autônomo? É aquele que funciona livremente, sem o aval de sua consciência. Mas, isso terá influência na meditação.

CAPÍTULO

3

PROCESSO DE OBSERVAÇÃO QUALIFICADA

Pense nas funções de seu corpo. Você sabe qual é a sua pressão sanguínea? Você sabe tudo que o seu fígado e os seus rins estão fazendo neste momento? Você tem conhecimento de que forma seu intestino e seu estômago estão trabalhando agora? E sua medula espinal, seu tronco encefálico? Não, você não tem tais informações. E quem é o responsável pelo funcionamento de nosso organismo? As funções psíquicas, as funções mentais ou, metaforicamente falando, os nossos macaquinhos.

E o EU profundo, o Espírito, a Consciência? É a parte imortal de nosso ser. A consciência é a parte profunda, que não tem relação com os órgãos, especificamente, porém é quem anima e confere poder a toda essa estrutura biopsíquica. Em função disso que comumente se diz que o espírito é a inteligência, não no sentido de pensamento, mas no sentido de consciência, aquilo que tudo percebe e tudo registra.

Nossa abordagem acerca de consciência é de âmbito geral, que engloba o inconsciente, em uma visão ampla e panorâmica. E, conforme explicamos, se a consciência passa a empregar os instrumentos dos macaquinhos e a entrar em confronto com eles, ela se torna os macaquinhos.

Ela não pode julgar, sentir raiva, culpa, caso contrário os macaquinhos assumem o controle.

Cabe à consciência somente observar, compassivamente, ou seja, sem julgar, porque a verdadeira observação da consciência é aquela isenta de interferência, controle, comando.

Você pode focar, mas não se misturar, não se envolver com o que está sendo observado. Ao julgar, interagir, comparar, sentir emoção não é mais a consciência, mas os macaquinhos a operar. Você pode sentir tristeza, alegria, medo, confiança, raiva, empatia, ter lembranças de fatos ocorridos a uma hora atrás ou há 15 anos, contudo, você não é qualquer dessas emoções. Por exemplo, eu sinto alegria ao receber um abraço de uma pessoa querida; ao ligar a TV e me informar acerca de notícias ruins eu posso sentir raiva, ansiedade, tristeza, porém eu não sou a ansiedade, nem a alegria, nem a tristeza. Sendo assim, lembranças, emoções, pensamentos, imaginação, ideias, *insights*, crenças não o definem, uma vez que você apenas os experimenta.

Vamos imaginar uma situação: estamos, você e eu, em uma mesa de restaurante, eu vou colocar uma ponta de sal em sua língua e vou perguntar: "O que você está sentindo?" Em resposta você diz: "Eu estou sentindo salgado." Em seguida, eu lhe ofereço pequena porção de açúcar e pergunto: "O que você está sentindo agora?" E você responde: "Eu estou sentindo doce."

Você sentiu o salgado, o doce. Eu ainda o convido a experimentar pimenta mexicana, e você certamente irá afirmar que é muito picante. Mediante a exemplificação, eu pergunto: você é o salgado, o doce, a pimenta? Nenhum desses sabores. Você apenas experimenta os sabores, simplesmente porque possui uma língua capaz de percebê-los. É você quem percebe o sabor, mas não é o sabor, você é o degustador. Logo, você é somente a consciência que experimenta, que observa, sem ser exatamente aquilo que está provando.

A identificação com um sabor específico (lembrança, pensamento, emoção ou voz interior), por conseguinte, leva o ser humano, muito frequentemente, a renunciar à sua condição de degustador, de observador.

É nesse momento que se originam os conflitos, quando a consciência permite aos macaquinhos criarem padrões de interação. Vamos tomar de exemplo pessoas que habitualmente alimentam lembranças da infância para explicar a dinâmica: a macaquinha da lembrança aciona a macaquinha das emoções, e a pessoa sente emoções específicas (sabor peculiar), relacionadas às lembranças, que ativam crenças, ideias, conceitos, concepções. Em consequência, tais emoções, lembranças e conceitos geram um padrão de julgamento e comparação, um efeito cascata.

O desdobramento da ação, a depender do padrão, será a busca por um psicanalista, por um psicólogo comportamental, cognitivo, transpessoal, ou talvez até por um profissional da psiquiatria. E esse suporte é muito importante, caso aquele padrão de relação dos quatro macaquinhos já estiver definido, uma circunstância da qual não se consegue sair sozinho.

É preciso observar sem interferir, mas deitar um olhar de amor, compaixão, respeito e autoamor. A observação nesse molde garante identificar as diferentes emoções e suas peculiaridades. Estar triste, por exemplo, não circunscreve ser a tristeza, mas experimentar tão somente essa emoção. É igualmente importante atentar para a regularidade do padrão de tristeza que se experimenta – frequente, diário – de modo a não lhe outorgar ainda mais poder.

Para que a consciência "espie" sem se misturar, ou melhor, para que não seja capturada pelos macaquinhos, é imperioso, a princípio, estar isenta de julgamento. Então, ao perceber a raiva observe compassivamente.

Segundo aspecto a considerar – observe sem interagir. Por isso, muitas pessoas acreditam que meditação é reflexão. Reflexão não é meditação. Parar e refletir são sinônimos de pensar, logo são atribuições do macaquinho do pensamento, não da consciência. Na correlação, a consciência apenas olha, presta atenção – ela não lembra, não pensa, não sente emoções, não julga, não compara.

A meditação, ao contrário do que muitos pensam, não é se desligar de tudo, mas se ligar a tudo.

Na meditação eu não penso, mas percebo. Por que eu percebo? Porque trago a minha consciência para o presente. Assim sendo, eu capto todos os detalhes, eu os torno conscientes, inclusive detalhes sensoriais (minha localização espacial, meus músculos, meus pés, minhas mãos e dedos). O que essa percepção simboliza? Ampliação da consciência. Atenção plena, estado de presença. É essa a observação.

Autonomia da consciência

Vamos falar de observação. Para mais esclarecimento, vamos considerar aqueles filmes americanos policiais cujo enredo traz um crime não desvendado, e certa testemunha vai até um departamento do FBI para identificar o suposto criminoso. Como é feito o reconhecimento de um suspeito? A testemunha permanece em uma sala, enquanto os suspeitos aguardam a suposta identificação em outra sala de vidro espelhado, o que não lhes permite enxergar quem está do lado de fora. Por que existe um vidro espelhado impedindo os suspeitos de ver a testemunha? Primeiramente, por questão de segurança e para que não haja interação entre a testemunha e os suspeitos, de modo que a testemunha não seja reconhecida e não interfira no comportamento de quem está sendo observado.

Movimento similar ocorre com a consciência. Ao meditar, treinar a concentração, exercitar atenção, a consciência deve observar como se estivesse protegida. Mas, protegida de quem? Dos macaquinhos. Do contrário, ela passa a se relacionar com eles e perde o controle. Portanto, a consciência deve simplesmente observar por trás do vidro espelhado.

Tomemos a experiência de avaliação de uma criança com problemas de interação social, para explicar a atuação da consciência. Em uma sala de vidro refletido estão a criança a ser avaliada e alguns coleguinhas. Do lado de fora, a mãe atenta ao filho que dialoga com as demais crianças. A criança não suspeita que está sendo observada, caso contrário passará a inter-relacionar com a mãe que, por conseguinte, irá interferir na experiência dificultando a avaliação da criança.

O equivalente também se aplica à função da consciência que deve apenas olhar, mas não se intrometer, não palpitar. É por essa razão que a consciência não pode julgar. A dinâmica é a seguinte: eu comecei a meditar e fiquei triste. "Que horrível ficar triste." Julguei. Nesse momento, não é mais a consciência que fala, mas o macaquinho julgador que rouba a cena.

Meditar traz muitos benefícios, dentre eles o rejuvenescimento do cérebro. No ano 2000, pesquisadores da Universidade de Wisconsin, EUA, realizaram várias pesquisas e uma delas foi a ressonância funcional para detectar a atividade neural em monges tibetanos que praticam meditação. Em resultado, os pesquisadores apuraram que o cérebro dos monges que meditam por 20, 30 anos é mais jovem do que a idade corporal deles, ou seja, um monge de 50 anos apresenta cérebro de 40 anos. A justificativa está no fato de o padrão de circuito de sinapse neuronal e ativações serem diferentes, o que resulta em funcionamento cerebral diferenciado.

Não obstante na tradição oriental, existe a meditação cristã convencional. Por isso, quando eu desenvolvi os conceitos de meditação, quando eu me propus a fazer essa síntese, eu optei pela neutralidade – nem budista, nem cristã – para que todas as pessoas, independentemente de religião, possam praticar a meditação.

O mesmo tipo de experiência de ressonância funcional, realizada com monges tibetanos, foi igualmente realizada em freiras da Ordem de Teresa de Ávila. O resultado da ressonância do cérebro delas mostrou padrão de funcionamento cerebral semelhante ao dos monges tibetanos. E há uma constatação muito interessante, que é o tipo de meditação que elas fazem – a oração meditativa – elas meditam orando.

Meditação é tomar posse da plenitude da sua capacidade de observar.

Isso significa que ela é o Botox do cérebro, pois rejuvenesce o cérebro, rejuvenesce o sistema imunológico! Portanto, meditação é uma prática milenar de resultados testados, com eficácia comprovada.

Você entendeu agora o que é meditação, o que é mistura? Compreendeu os efeitos, e que se trata de treino?

Para o iniciante de meditação pode parecer difícil apenas observar, sem interferir. Então, a pessoa inicia a meditação, mas a lembrança de um fato se instala prontamente. Em lugar de simplesmente atentar à lembrança, a pessoa passa a julgar e a interagir com tal lembrança. Nesse instante, perde-se o objetivo, visto que o praticante foi capturado pela habilidade do macaquinho de lhe roubar o foco, a atenção. E de que modo resolver? Por meio do treino. Mas, não adianta você praticar se não tiver os fundamentos, se não compreender como se faz.

Todos nós – eu, você, seus pais, seus irmãos, filhos, companheiros vivemos experiências alegres, de prazer e outras de tristeza e dor. Todavia, as experiências que mais lembramos são as de dor e de tristeza. A sua coleção de lembranças dessa vida teve início ainda no útero da sua mãe. Quantas lembranças a sua macaquinha das lembranças acumula em seu baú? Milhões. E você, quantas vezes mamou em sua mãe quando era um bebê? Ou quantas vezes tomou mamadeira quando era criança? Essas lembranças estão no baú da macaquinha das lembranças.

Desde que nasceu até completar sete anos de idade, com que frequência você sorriu? Naturalmente, você não se recorda. Mas, se eu lhe pedir para anotar as 10 piores situações que já viveu, certamente, você vai lembrar. É importante destacar que a macaquinha das lembranças possui um acervo amplo com milhões de lembranças, no entanto, são as lembranças ruins que ela mais enfatiza.

Então, vamos tomar de modelo o ano passado: quantas vezes, nesse ano, você experimentou a emoção raiva?

E a alegria por alguém ter-lhe contado uma piada, ou você ter assistido a um programa de humor? Mesmo vivendo certo momento de dificuldade, você sorriu, experimentou alegria. Mas, dentre as milhões de emoções experimentadas no ano passado, há as emoções prediletas.

E, a partir dessa nossa predisposição mental, a macaquinha das lembranças, a fim conseguir sequestrar a sua consciência, aciona o acervo de lembranças, faz um recorte de uma lembrança desagradável e mostra à consciência que, imediatamente, deixa de olhar para se envolver, interagir e interferir na lembrança. Tal estratégia visa a adormecer a consciência e assumir o controle.

A mente é como uma cachoeira – jorra incessantemente. Você lembra, sente emoções, pensa, julga e compara continuamente, sem se atentar ao seu redor. A maioria de nós não se dá conta do agora, a maioria de nós está no piloto automático.

Pesquisas na área de psicologia cognitiva comportamental foram realizadas, com resultados bastante significativos. Uma moça e um rapaz trajados em fantasias de gorila e palhaço, respectivamente, caminharam despretensiosamente por pontos estratégicos do campus de uma universidade. Conclusão: 75% das pessoas que falavam ao celular não viram o palhaço ou o gorila.

Pesquisa similar foi realizada, cuja temática era a busca por informação. Qual a estratégia empregada? Um indivíduo que conversava ao celular era escolhido aleatoriamente e abordado, inicialmente, por um homem que pedia informação e logo se retirava, para em seguida uma mulher abordar a mesma pessoa solicitando informação. O indivíduo, entretanto, sem notar que se tratava de duas pessoas distintas, continuava a interagir de modo a, supostamente, adicionar dados complementares àquela informação.

É interessante também citar a pesquisa "The invisible gorilla", realizada na Universidade de Harvard, para ressaltar a importância da observação, do foco. Em um vídeo, um jogo de basquete era apresentado – um time jogando com camisa branca e o outro com camisa azul. A pesquisa consistia em duas perguntas. Primeiramente, quantas trocas de bola entre os jogadores o vídeo mostrava. E a segunda pergunta: você viu alguma coisa diferente? Na reprodução do jogo, enquanto aconteciam os passes de bola, uma pessoa trajada de gorila passou rapidamente em frente à câmera. No resultado da pesquisa, o percentual de pessoas que não havia enxergado o gorila era muito alto, porque o foco maior estava nos passes de bola.

E, finalmente, ressalto outra pesquisa realizada no *Brigham and Women's Hospital*, em Boston, EUA, cujo objetivo era a obtenção de laudos médicos acerca de diversas imagens de Raio X. Junto às milhares de radiografias, foi inserido um desenho de um macaco, e as imagens foram encaminhadas para apreciação dos especialistas. Resultado: cerca de 83% dos radiologistas não se atentaram para a imagem do primata nos exames.

Dentre outros aspectos, a conclusão da pesquisa destacava o fator multitarefa. Nós acreditamos ser multitarefa, mas por nossa limitação cerebral não estamos habilitados a realizar várias atividades ao mesmo tempo. Em duas atividades, a nossa carga cognitiva estará diminuída; em três atividades estará reduzida ainda mais; nós podemos até fazer, mas ficará mal feito, porque o cérebro humano não está equipado para tanto, uma vez que:

> O excesso de atividade simultânea gera falhas relacionadas à atenção.

Assim sendo, de acordo com as pesquisas a maior parte das pessoas não percebeu o palhaço no campus da universidade, nem o gorila passando entre os jogadores. É por essa mesma razão que a maioria dos médicos especialistas em radiografia não observou a imagem do macaco nos exames.

A atenção é como se fosse a capacidade que a consciência tem de focar. Diversamente, estar distraído é o mesmo que estar sem foco, sem concentração em algo. A atenção pode ser considerada tal qual o músculo da consciência. Sem o devido exercício ele atrofia. À vista disso, que observar é difícil.

Sensação e percepção

Nós precisamos agora fazer uma distinção entre neurofisiologia e neurociência e diferenciar sensação de percepção. Esse é um conceito biopsíquico, um conceito biológico, que diz respeito ao funcionamento do sistema nervoso central, especialmente do cérebro, do encéfalo como um todo.

Sensação está relacionada aos sensores físicos que nós temos espalhados pelo corpo, são células especializadas em converter estímulos físicos em sinais elétricos. Se você apertar o seu dedo, terá a sensação de compressão porque há células especializadas na pele, que convertem esse estímulo mecânico o de "apertar" em estímulos de dor, estímulos de calor, temperatura corporal. Você também tem células especializadas nos olhos, que convertem estímulos luminosos em sensações e transformam tudo em eletricidade.

Ampliemos a explicação tomando de exemplo a luz que chega aos olhos. Eu tenho células que detectam esses estímulos de luz, estímulos visuais, os fótons, e os convertem em sinais que são direcionados ao cérebro. Assim, sensação são esses sensores corporais, físicos que eu tenho aos milhões, espalhados por todo o meu corpo físico, capazes de detectar estímulos. A sensação é a detecção de estímulos físicos. Contudo, a percepção já é o processamento cerebral da sensação.

Assim, nem tudo que é captado pelos sentidos é percebido; seria impossível viver se percebêssemos tudo, por essa razão existe acomodação ou adaptação dos estímulos invariáveis, pois as pessoas se acostumam ao estímulo, não o sentindo mais. Por exemplo, normalmente não sentimos o contato das roupas com o nosso corpo, uma vez que os sensores captam o estímulo, mas o cérebro não percebe. Esse declínio evidente da sensibilidade a estímulos sensoriais deve-se à incapacidade dos receptores sensoriais em disparar mensagens para o cérebro indefinidamente. Prestar atenção em algo gasta energia, por isso é um recurso limitado.

Vamos examinar a visão. A percepção visual é criativa. E por que é criativa? Determinadas sensações luminosas chegam ao olho, e o cérebro processa tais sensações. Ele preenche o quadro, monta esquemas, aciona memória daquilo que você já viu: uma forma, uma cor, um movimento. Ele engendra esse processamento para montar uma percepção. Para mais elucidação, citemos a experiência realizada com um gatinho recém-nascido. Certos pesquisadores tomaram um gatinho recém-nascido de cobaia colocando-lhe uma venda nos olhos que assim permaneceu por todo o período de infância do felino. Resultado: ao tirarem a venda dos olhos do animal, ele estava completamente cego.

A que conclusão chegaram os pesquisadores? Que o felino tinha olhos saudáveis que recebiam os estímulos visuais, as células funcionavam, porém o cérebro não processava aquela informação, dada a falta de conexão entre os neurônios. O cérebro do animal, no período do desenvolvimento cerebral, por não ter criado as sinapses neuronais, nem treinado a percepção dos estímulos visuais, desenvolveu a cegueira; os cones e bastonetes da região visual estavam perfeitos, o problema estava no cérebro. Essa experiência com o felino demonstrou que o cérebro cria sinapses, conexões entre os neurônios, por meio das quais nós aprendemos a enxergar.

Nosso cérebro físico, nessa existência, aprende a lidar com os estímulos. E ele tem um tempo de formação, em que milhões de conexões se formam, caminhos de sinapses são produzidos para aprendermos a enxergar. A visão, a percepção é um aprendizado do cérebro. Essa é a diferença entre sensação e percepção.

Na experiência referida, o felino tinha a sensação visual, pois as células especializadas de seu aparelho visual funcionavam, captavam os estímulos visuais, porém o cérebro não processava.

Na pesquisa relatada anteriormente, em que uma pessoa vestida de palhaço caminhava em certa universidade sem ser percebida por pessoas que conversavam ao celular, o movimento acontecia de forma análoga. A sensação visual era captada – o palhaço passava na frente da pessoa – contudo por estar falando ao celular, ela não se atentava. A sensação fora captada, mas o cérebro não demandou, visto que a atenção é como se fosse um filtro da percepção, se você não estiver atento não realiza. Nesse sentido, a meditação, constantemente praticada, motiva o desenvolvimento da atenção, o que revela ampliar a percepção.

Ao exercitar sua atenção, você percebe mais. Se você estiver em uma sala lendo este livro, seus olhos irão captar tudo, milhões de estímulos chegarão, entretanto, você não perceberá, porque a percepção é seletiva. Mas, ao treinar a atenção, você amplia sua percepção tornando-a qualitativamente melhor.

Um exemplo trivial referente ao funcionamento do sistema nervoso: você acorda atrasado e, então, esquece a chave do carro, esquece um documento, não lembra se fechou ou não a porta de casa. Em verdade, não se trata de esquecimento, de falta de memória, mas sim de atenção. E quem controla toda essa ação é o córtex pré-frontal, uma região do cérebro destinada ao processamento muito qualificado e sofisticado, que controla a atenção.

E o que nos distingue, seres humanos, de outras espécies animais é o nosso córtex pré-frontal bastante desenvolvido, uma conquista da espécie humana, o que mostra que essa estrutura cerebral é recente em nossa evolução, em comparação a outras presentes nas espécies animais primárias. O cérebro de um elefante é muito maior do que o nosso, pois são muitas áreas de sensação, todavia o nosso não é tão grande, porém muito mais sofisticado.

E por que faço referência ao córtex pré-frontal? Para enfatizar que esse presente que você conquistou quando chegou à espécie humana é a responsável pela atenção, pelo foco. O córtex pré-frontal responde pelo comando dos processos de atenção. Ao nos compararmos geneticamente ao um chimpanzé, a diferença é de apenas 2%, pois a estrutura genética de um chimpanzé é 98% igual à nossa. O que nos difere é o cérebro, principalmente o córtex pré-frontal. Possuímos consciência mais desenvolvida, temos estruturas cerebrais que nos dão condição de controlar a atenção.

Por isso, a importância da meditação – meio mais eficaz de desenvolver a percepção, uma espécie de musculação da consciência.

Atenção fortalecida é sinônimo de percepção ampliada.

A atenção de alguém que medita é forte, dinâmica, enquanto se verifica certa fragilidade na atenção de alguém que não medita. E, infelizmente, desatenção, dispersão constituem os principais sintomas da sociedade moderna.

E a colocação aqui não se refere ao transtorno de déficit de atenção, um problema na bioquímica cerebral que deve ser diagnosticado e tratado, mas a pessoas desatentas que não conseguem ouvir. Alguém está conversando com você, mas em vez de interagir, prestar atenção ao assunto, você está pensando na resposta, ou melhor, o macaquinho do pensamento está elaborando uma resposta, enquanto o macaquinho do julgamento está formulando uma opinião, um conceito a respeito da pessoa que está falando. Resultado – você não está ouvindo.

Trata-se de um hábito que prejudica os relacionamentos de modo geral: relacionamento amoroso, relacionamento familiar, aqueles entre pais e filhos, mães e filhos, relacionamentos no ambiente de trabalho, relacionamentos sociais. Além do mais, o hábito da desatenção implica o não exercício das regiões cerebrais responsáveis pelo controle da atenção, o que causa atrofia.

Quanto mais desatenta, mais no piloto automático estagia a pessoa, quer dizer que o nosso sistema límbico, os nossos circuitos das emoções têm milhões, talvez bilhões de anos, o que significa que a macaquinha das emoções é remota. Assim, a macaquinha das emoções é muito antiga, então ao permanecer no piloto automático é ela, a velha, a multimilenar macaquinha das emoções que assume o controle.

Para avaliar o quanto as emoções representam um elemento evolutivo antigo basta examinar as espécies animais. Quem tem *pet* pode constatar essa peculiaridade no comportamento do animal, pois eles sentem medo, raiva, alegria, que são emoções primárias. Mas, à medida que as espécies animais evoluem, paralelamente o seu conjunto de emoções se amplia.

A emoção é algo ancestral na evolução, tanto quanto o circuito das emoções chamado sistema límbico, que engloba amígdala, giro cingulado, área pré-frontal, tálamo, hipotálamo, hipocampo – estruturas cerebrais responsáveis por gerir as emoções. E o curioso das emoções é que elas são automáticas, e nós temos toda uma circuitaria, então o sistema límbico está ligado a estruturas cerebrais responsáveis por controlar as glândulas suprarrenais, que produzem noradrenalina, hipófise, que controla todo o sistema das glândulas endócrinas, que respondem por enviar sinais para regiões do tronco encefálico; ponte, bulbo, mesencéfalo, que comandam, juntamente com o cerebelo, as nossas movimentações e operações automáticas.

O sistema nervoso autônomo, simpático e parassimpático, resumidamente significa que quando o indivíduo sente medo, em segundos há adrenalina em seu corpo, seu coração acelera o batimento, sua pressão sanguínea aumenta, seus poros se abrem, ou seja, ele está fisiologicamente preparado para lutar ou fugir.

Por outro lado, o indivíduo não se sustenta apenas no sistema límbico, somente nas emoções, porque senão sua vida seria uma inconstância – ora estaria triste, ora com raiva, mais além estaria alegre, ou ansioso, surpreso. Segundo o neurologista austríaco Eric R. Kandel, em *Princípios de Neurociências*, capítulo 38 "Emoções e

Sentimentos", a emoção é automática, em compensação o sentimento é a emoção com reflexão, ele é o mediador entre a macaquinha das emoções e o macaquinho do pensamento.

> A Emoção processada é sentimento.
> O sentimento tem memória,
> tem pensamento, tem interpretação
> e é mais duradouro.

Nessa abordagem inicial acerca das atividades cerebrais, uma vez mais retornamos ao propósito da meditação. A meditação ajuda a exercitar a parte mais nobre do cérebro, os circuitos mais nobres do encéfalo, aquilo que faz do homem um ser humano mais completo. A meditação nos permite utilizar nossos mais altos potenciais humanos.

Considerei pertinente apresentar todos os meandros da estrutura do funcionamento do cérebro, para inicialmente entendermos o que é atenção, o que é foco, o que é concentração, visando diferenciar sensação de percepção.

Nós podemos ampliar nossa percepção, e quanto mais a ampliamos, mais fortalecida se torna nossa consciência, o elemento nobre da espécie humana. Ainda não somos anjos, mas nós podemos ser perfeitamente candidatos a seres humanos integrais. O ser integral é aquele ser humano que desenvolve todos os seus potenciais humanos ao máximo, extraindo o melhor de sua humanidade.

Ampliação da percepção

O estado de presença é algo conquistado após grande esforço disciplinado para criar um hábito. Que hábito? Ao criar o hábito da observação, da atenção e da concentração, o indivíduo atinge, após certo tempo, o estado de presença – é quando sua percepção se amplia tão intensamente que passa a perceber detalhes minúsculos do ambiente ao seu redor. No estado de presença é possível acessar outros sentidos, além dos cinco já conhecidos. A sua intuição começa a se fortalecer.

Aumento expressivo de casos de depressão, de tristeza, de uso de ansiolítico, de remédios para dormir tem sido observado em nossa sociedade. Um dado que revela que a casa mental das criaturas humanas está desorganizada. Por conta disso, há pessoas sofrendo profundamente, dado o conflito que estão enfrentando. E a meditação, então, um pilar que desperta a consciência e trabalha a inteligência intuitiva, a percepção ampla, proporciona conforto, calmaria à pessoa, de modo a observar os quatro macaquinhos: das emoções, das lembranças, dos pensamentos, da voz interior, do ego. Ademais, pela meditação a pessoa torna-se apta a se olhar com mais amor, mais autoperdão, mais compaixão e mais humor. Vai aprender a rir de si mesma, a rir de seus processos.

Em capítulo anterior nós aprendemos que os quatro macaquinhos dominam os nossos cinco sentidos, dominam a nossa fisiologia, mas também que a meditação treina a observação qualificada, que é uma observação plena de compaixão, que não deve ser confundida com frieza. Compaixão é a observação isenta de julgamento. Vamos supor que você saiu de manhã para ir à padaria e no percurso avistou um homem descuidado, vestindo pijama, dirigindo-se também à padaria.

Nesse recorte, há dois tipos de observação: você olha aquele homem e constata que está de pijama e com os cabelos desalinhados, então passa a julgar: "Como é que uma pessoa vem para padaria de pijama e toda despenteada?" Nesse momento quem está agindo é o macaquinho do julgamento, o macaquinho do ego que ao tomar conta de sua casa mental não vem sozinho, mas acompanhado dos outros três macaquinhos.

E a dinâmica tem início com a presença da macaquinha da emoção que traz a indignação: "Que coisa ridícula", complementada com o parecer da macaquinha da memória: "Ah eu me lembro, minha mãe me falou que tinha um vizinho que também saía de pijama, o sujeito não penteava o cabelo". O próximo a atuar é o macaquinho das ideias: "Deveria ter uma lei proibindo pessoas de sair de casa de pijama, isso deveria ser ensinado nas escolas, esse é o problema do sistema educacional brasileiro, porque as pessoas não são educadas a não saírem de pijama", seguido pelo macaquinho do julgamento: "Aposto que nos Estados Unidos ninguém sai de pijama, se fosse lá...". E, novamente, a macaquinha da emoção volta em cena. Conclusão: você está tomado pela raiva. Sua casa mental se transformou em uma grande macaquice!

Vamos recorrer a uma figura de linguagem visando esclarecer o meio de observação qualificada da consciência. Imagine que a angústia seja uma pessoa que toca a campainha de sua casa e expressa o desejo de permanecer no recinto. De sua parte, você libera a entrada para a angústia ficar o tempo que desejar. Porém, ao observá-la sem interferir, certamente vai inibir longa permanência daquela emoção, ou de qualquer outra emoção em sua casa. A consciência, quando não alimenta, não dá vida à emoção, distancia-se daquele movimento.

Seria como assistir a um jogo de futebol de qualquer time que não fosse o seu time preferido. Você vai apenas observar. Contrariamente, é impossível somente observar quando se trata de seu time favorito. Você presta atenção, fica nervoso, ansioso, interage, chega perto da televisão. É como se você estivesse dentro do campo, é como se você fosse o 12º jogador.

A consciência deve abstrair o máximo de detalhes possível, mas sem interferir, sem torcer. E atentar a tais detalhes tem o sentido de dimensionar, ganhar autonomia e se tornar sereno. Isso é treino, experiência, sem a qual não se atinge o estado de presença. Portanto, teoria não basta, uma vez que:

> A meditação não é algo para ser apenas lido e aprendido, mas algo para ser vivenciado, exercitado.

O que frequentemente ocorre com os iniciantes é a sensação de desconforto, de incômodo trazido pelos macaquinhos que ao perceberem intencionalidade de prática criam estratégias bem elaboradas. Por exemplo: começar a meditar e dormir logo em seguida. Conforme estudamos, os macaquinhos comandam a fisiologia, ou seja, na tentativa de inibir a prática eles adormecem não apenas a consciência, mas igualmente o corpo físico.

Há pessoas que relatam sentir coceira pelo corpo, outras são tomadas de emoções fortes (choro, riso), outras ainda dizem sentir náuseas devido à ansiedade e angústia no momento da meditação. São estratégias para distrair a consciência e impedir a meditação. Os macaquinhos são potências, características da mente, inclusive da mente biológica, que têm relação com o cérebro, com o encéfalo, com o funcionamento de nosso sistema nervoso central.

À vista disso, eu preciso observar, pleno de compaixão, para me tornar hábil a transformar os macaquinhos em guarda-costas. É imprescindível lidar com esses macaquinhos de modo a trazer autonomia à minha consciência. A capacidade de observar e manter autonomia faculta crescimento, evolução dos macaquinhos que, gradativamente, perdem a força oriunda do caos para se tornar adestrados. É a minha consciência assumindo o comando da casa mental.

Adestrar os macaquinhos, porém, não significa refrear sua ação, porque estão vivos, vão agir sempre. As memórias, as lembranças, as emoções, os pensamentos, a voz interior não param, mas asserenam, estabilizam. O que representava um fluxo desordenado torna-se um fluxo pacífico e sereno. Esse é o estado meditativo, cuja meta de longo alcance precede muita prática e autoconhecimento. Conforme eu observo, aprendo detalhes acerca do comportamento dos macaquinhos, ou melhor, eu aprendo detalhes que dizem sobre minha memória, meus padrões emocionais e mentais, detalhes da minha voz interna julgadora e comparadora.

E nesse esforço de autoconhecimento e superação minha consciência, paulatinamente, absorve detalhes, a percepção se amplia de modo que eu seja capaz de prever a próxima jogada do macaquinho. Para ilustrar, imagine-se dormindo em um quarto escuro. Ao acordar e abrir os olhos perceberá a visão um pouco ofuscada devido à retração da pupila. Mas, assim que a pupila dilatar, você começará a enxergar na escuridão. Caso permaneça por mais tempo no ambiente escuro, conseguirá identificar detalhes dos móveis, do quarto, como se o ambiente estivesse totalmente claro.

Meditar é o mesmo que lançar luz em um quarto escuro que não é visitado há muito tempo. Vamos admitir, a título de comparação, que sua pupila seja sua consciência, e o papel exercido pela meditação seja dilatar essa pupila, de modo que você estenda seu olhar na escuridão de sua casa mental e perceba os macaquinhos. Por isso, que se trata de um treino – quanto mais você se demora no quarto escuro, mais enxerga, quanto mais medita, mais enxerga.

Agora pense em sua música favorita, independentemente do gênero. Uma música são notas que você coloca no silêncio. Há uma música de Lulu Santos que diz assim: "Não existiria som se não houvesse o silêncio".[4] Conjuntamente, em sua casa mental também existe sua

---
4 Verso da música *Certas Coisas*.

consciência silenciosa, e é no silêncio de sua consciência que os macaquinhos, pouco a pouco, colocam notas. A música é composta de notas e pausas, uma música é feita de silêncio e som.

A sua consciência é o silêncio de sua casa mental, porque ela observa silenciosamente, como todo maestro. O maestro está sempre calado, ele dirige, manda parar, diminuir, silenciar. Quem coloca as notas? Os macaquinhos. Por isso, dizem que a meditação é o silêncio interior. É importante ressaltar que ao longo da meditação os macaquinhos jamais silenciam, pois são eles a representação das notas musicais. A princípio são barulhentos, enquanto não estão educados.

Resumidamente, o objetivo da meditação é transformar as notas dos macaquinhos em uma sinfonia.

Nessa sinfonia a consciência entra com o silêncio, com a pausa, os macaquinhos com as notas. Macaquinho é som permanente que pode indicar ruído ou notas maravilhosas. Então, o objetivo da meditação não é silenciar os macaquinhos. Quem mantém o silêncio é a consciência, aos macaquinhos cabe a função de manter o som.

Todo maestro ou maestrina tem uma batuta para auxiliá-lo(a), que serve de suporte, de apoio. Quem é a batuta de sua consciência? É o elemento âncora, objeto da terceira parte deste livro.

PARTE 2
DETALHAMENTO DOS ELEMENTOS DA CASA MENTAL

CAPÍTULO

4

MACAQUINHA DA MEMÓRIA

Gabriel García Márquez, grande escritor colombiano e prêmio Nobel de literatura, escreveu uma obra fabulosa chamada *Cem Anos de Solidão*, cujo enredo retrata uma comunidade, onde as pessoas adoeciam e começavam a perder a memória. Inicialmente, elas se esqueciam de fatos relacionados à infância, adolescência e juventude, um aspecto que as deixava apavoradas. Em seguida, elas passaram a esquecer o nome dos objetos e sua utilidade. Elas olhavam para uma garrafa, mas não sabiam para que servia. Elas não sabiam que uma garrafa armazena líquido, água, e que água é para beber. Mas, um dos moradores teve uma ideia. Ele decidiu colocar uma etiqueta em cada objeto com a indicação de uso. Contudo, a estratégia não funcionou, pois com o tempo ele também esqueceu tudo de seu passado: quem ele era, seu nome, quem eram seus pais. Ele esqueceu todos os fatos e o nome das coisas e suas respectivas funções. E mesmo o uso da etiqueta deixou de ser eficaz porque ele também havia esquecido as palavras e as letras.

Esse fragmento do texto de García Márquez visa mostrar a importância da memória. Você já percebeu que quando olha para algo sabe de imediato o nome e para que serve? Isso é a sua macaquinha da memória. Imagine se ela resolve ir embora de sua casa mental. A doença de Alzheimer faz isso, enfraquece a macaquinha da memória, fragilizando-a até ir embora. Nós, porém, não queremos isso, pois a macaquinha da memória é de extrema importância.

É oportuno remeter aqui ao filme "Como se fosse a primeira vez", estrelado por Adam Sandler e Drew Barrymore. Na trama, um veterinário chamado Henry Roth, que vivia no Havaí, conhece Lucy Whitmore e se apaixona por ela. Mas, Lucy tem um problema – ela não tem memória recente, ela tem apenas memória de um tempo específico de sua vida. Então, o casal se casa, mas todo dia ela esquece de tudo. E, para mostrar à esposa que eles haviam se encontrado e se casado, Henry grava um filme que mostra a ela diariamente, ou seja, Henry é obrigado a conquistar o coração de Lucy todos os dias.

Após anos de casados, aquela fita ainda conta a mesma história.

Esse filme é baseado em uma história real. É H.M. (Henry Morrison, nascido em 1926) quem apresentava o problema de memória, não a esposa. Ele sofria de epilepsia e tinha até 16 convulsões por dia. Na época, a equipe médica norte-americana que tratava H. Morrison detectou, por meio de exames específicos, que o problema de Morrison incidia nas regiões específicas do encéfalo, em especial no lobo temporal medial, consultor interno que é onde está o hipocampo, amígdala, o corpo estriado, os núcleos da base. Então, quando Morrison tinha as convulsões aquela era a região do encéfalo ativada. E a resolução médica para aquele caso específico foi a lobotomia, que consiste na extração dos dois pedaços, aproximadamente, 8 centímetros de encéfalo, dos dois lados, exatamente no lobo temporal medial do paciente.

A cirurgia bem-sucedida, realizada em 1953, liberou-o da epilepsia; ele não teve mais convulsão, contudo se lembrava apenas de fatos ocorridos de 1953 para trás, ou seja, de seus primeiros 27 anos de vida. A lobotomia eliminou as convulsões, mas também sua memória recente. Ele também teve problemas com a macaquinha das emoções, pois a amígdala é a responsável pelo medo, pela raiva e ainda pelo nosso posicionamento social e postura emocional diante de situações.

A macaquinha da memória é muito versátil e vital, por isso que nosso estudo se inicia a partir dela, porque se você não lembra o seu nome, o nome de seus pais, se você não lembra nada de sua história, quem é você?

Eu sou a consciência profunda, mas sem a macaquinha da memória fica tudo muito difícil. Então, o primeiro processo da memória é a codificação de que é algo profundo.

Há vários tipos de memória, e a memória está muito vinculada à cognição, ao aprendizado. Então, nós podemos classificar a memória de longa duração que conta com expressiva participação do hipocampo e parece ser ilimitada, pois até o momento não se encontrou qualquer experimento que a limitasse, o que significa armazenar indefinidamente. E a memória de curta duração, a memória do agora. Hipoteticamente, vamos comparar nosso cérebro a um computador. Há o HD (*Hard Disk*) onde armazenamos informações para guardar, e há a memória RAM, uma memória temporária, onde gravamos certo conteúdo para ser usado em momento específico e posteriormente descartado.

A memória de curta duração refere-se à memória de trabalho. Se eu estou conversando e falo o número de celular você grava aquele número por um minuto, meio minuto, depois você esquece. Então, a memória pode estar relacionada com o tempo. Contudo, ela é armazenada em lugar específico do cérebro. Por outro lado, algumas dessas memórias de curto prazo vão ser armazenadas para sempre, elas vão se transformar em memória de longo prazo, então há uma seleção, não é toda memória usada agora para operar, agir, realizar, que será guardada.

Em contrapartida, nós temos a memória de longa duração. A memória inconsciente ou denominada memória implícita está relacionada a hábitos, habilidades, à memória de condicionamento associativo. Vamos tomar de referencial uma atividade motora – andar de bicicleta. Você nunca andou de bicicleta, mas ao começar a treinar, você memoriza inconscientemente.

Há também a memória explícita – aquela memória consciente, que pode ser dividida em memória episódica, a memória que lembra eventos, fatos e a memória que lembra significados. Tudo separadamente. Essas são as memórias de longo prazo. A memória, ainda que tenha uma base com o hipocampo, está correlacionada a várias regiões do encéfalo, ou seja, várias conexões neurais estão relacionadas com a memória.

O que eu estou tentando elucidar com essa explicação? Que a macaquinha da memória é altamente sofisticada. No caso de H. Morrison, anteriormente narrado, sua memória de curto prazo não funcionava, no entanto ele aprendia. Os médicos que tratavam Morrison o submeteram, a certa altura do tratamento, a um teste: fazer um exercício que consistia em desenhar dentro de uma estrela olhando para um espelho. Na primeira tentativa, ele desenhou mal porque não tinha condicionamento motor para executar aquela tarefa. Mas, no dia subsequente, após ter dormido ele havia esquecido que fizera o exercício. Ele tinha igualmente esquecido de que tivera um encontro com a psicóloga e inclusive esquecido o nome da profissional que o atendera. Mas, ao retomar o desenho ele efetuava, pois a memória do condicionamento ele retinha.

E os pesquisadores, por meio dessa peculiaridade do comportamento de Morrison constataram que a memória é algo muito mais complexo e abrangente, e que nós temos uma memória separada somente para significado das coisas, outra memória separada somente para evento, outra memória separada apenas para condicionamento, hábitos. Existe outro tipo de memória chamado *priming*, ou memória implícita ou não declarativa que consiste na ativação de representações mentais. Inconscientemente, subliminarmente eu repito padrões, palavras, imagens que vão sendo gravados de modo imperceptível.

Nós aprendemos também que a memória tem passos, ela tem processos. O primeiro, que remete à memória, é o da codificação. O nosso encéfalo tem uma maneira de codificar as informações, ele sabe se aquilo é visual, auditivo, espacial, se é um significado, um evento, um rosto ou expressão. É interessante porque essa ação de codificação é muito marcada pelo prazer e pela dor, o que indica que a macaquinha da memória tem predileção por coisas prazerosas e por coisas dolorosas. A amígdala está relacionada com essa peculiaridade, porque interage, é o pré-frontal. Em verdade, os neurocientistas não conhecem as implicações da memória em sua totalidade, mas sabem que ela se comunica com todas as partes do encéfalo, com a emoção, com o pensamento.

No processo da memória o mais interessante é a evocação, a consolidação da memória. Pesquisadores da Universidade de Lübeck (Alemanha) descobriram que um dos elementos vitais para a solidez da memória é o sono, que está diretamente relacionado ao aprendizado. Por essa razão que quem estuda precisa dormir, porque enquanto dorme as conexões neurais se fazem e grava, consolida o que foi estudado.

Durante o sono, mas também ao longo da meditação, momento em que as ondas cerebrais diminuem de frequência, há um relaxamento total da atividade cerebral. Nesse sentido, a meditação é importante, pois consolida a memória e traz qualidade ao sono, além de aumentar nossa capacidade de atenção.

Particularmente, quando eu quero aprender algo muito importante, mas não disponho de tempo suficiente para ler e revisar, eu faço dez minutos de *mindfulness* antes de começar o estudo, a fim de aquecer a musculatura de minha atenção, aquecer minha concentração, então eu fico totalmente presente, concentrado, pois não é possível conciliar estudo com ansiedade, com desatenção, com distração. Para a prática de *mindfulness*, eu escolho não o que vou estudar, mas escolho olhar para uma paisagem, ou opto por uma meditação guiada.

Após esse preparo, eu realizo o meu estudo. Terminado o período de estudo, o próximo passo é praticar dez minutos de meditação profunda, que promove um nível de relaxamento muito maior, momento em que você acorda sua consciência, relaxa profundamente e passa somente a observar; é como se você dormisse. Então, o que acontece? Consolida a memória.

Retomando: para que haja consolidação da memória é preciso relaxar, diminuir a atividade cerebral, permitindo ao cérebro fortalecer as conexões, as sinapses e gravar na memória de longa duração. É uma questão de treino. E certamente todos podem alcançar esse patamar. Então, o caminho é fazer primeiramente *mindfulness*, em seguida se debruçar no objeto de estudo e finalmente concluir com meditação profunda.

Um dado importante em relação à evocação, à recuperação, desmistificado pelos pesquisadores, refere-se ao efeito fotografia. Os neurocientistas descobriram que lembrar é um ato criativo; ao lembrar de um fato você o reconstrói, tal qual ocorre na percepção. De acordo com Eric Kandel em *Princípios de Neurociências*, capítulo "Aprendizado e Memória", toda vez que você lembra, você agrega à emoção o que está sentindo hoje, seja ressentimento, mágoa, saudosismo, revolta, tristeza.

Agregar mais elementos ao fato remete a potencializar a macaquinha da memória. E dependendo do trauma, dependendo da memória, o risco de adentrar um quadro depressivo é muito alto. É nesse momento que a força, o poder da meditação torna-se um aliado vital, porque orienta a olhar para a memória e aceitar o fato, olhar, apenas observar, pois a não agregação leva a consciência a não interagir e a não interferir; consequentemente, a memória vai se reduzindo ao essencial. Essa é uma maneira saudável de lidar com o passado, porque nós estamos aqui no presente. Não sobrevivemos? Então, vamos agradecer.

Observe sua consciência e diga: "Eu não sou essa lembrança. Eu tenho milhares de outras memórias, por que privilegiar apenas essa em detrimento das demais?"

É interessante mencionar um trabalho de investigação bastante peculiar acerca de nossa capacidade de lembrar, que foi realizado por meio de montagens de fotografias de variadas situações apresentadas a um número restrito de pessoas, selecionadas para aquela pesquisa, mas que não tinham vivenciado as situações exibidas nas imagens. Após a apreciação das fotografias, algumas pessoas confirmaram a veracidade dos fatos, acrescentando detalhes: dia específico, ambiente, cor de roupa etc. Trata-se de algo similar a um implante de memória.

E para concluir este capítulo sobre memória, cito a grande contribuição da pesquisadora de memória nos Estados Unidos, Elizabeth F. Loftus, em relação à recuperação da memória, em que coloca em pauta a utilização de testemunhas no processo criminal norte-americano, justamente por isso. Ela demonstra em suas pesquisas que se cinco pessoas presenciaram certo acidente, cada uma vai lembrar de um modo. Caso o acidente tenha ocorrido há 24 horas, é mais fácil recuperar os detalhes do ocorrido. Mas, e se o acidente ocorreu há dez anos? Qual era a cor da camisa do motorista? O que o primeiro policial que chegou ao local portava nas mãos? Nesse momento é que começamos a misturar, porque a evocação, a recuperação da memória envolve um componente criativo, como a nossa percepção.

E o que isso quer dizer? Que a macaquinha da memória é uma artista, ela "pinta e borda".

> **Lembrar fatos desagradáveis diariamente incide em processo de criação, gradualmente, acrescenta-se algo novo ao acontecido.**

Em vista disso, não podemos nos identificar com as lembranças, mas apenas contemplar, sem interagir e sem interferir com a macaquinha da memória. Em outras palavras, é a consciência que recupera a memória, é a consciência que armazena, que consolida a memória, contudo, você não é a memória.

CAPÍTULO

5

MACAQUINHA DAS EMOÇÕES

    Conforme estudamos, a macaquinha das emoções tem um sistema no encéfalo somente para ela, conhecido por sistema límbico, ou se preferir o circuito de Papez que corresponde a várias estruturas do encéfalo, uma parte do córtex frontal, amígdala, uma parte do giro cingulado. O nosso encéfalo, ao longo do tempo, foi se desenvolvendo, evoluindo. De cérebro primitivo, a um cérebro um pouco mais recente e posteriormente o cérebro atual, o mais recente de todos, que é o córtex pré-frontal. É como se pudéssemos dividi-lo.
    O importante é entender que o sistema límbico ou sistema das emoções é o nosso cérebro mais

antigo (Paul MacLean chamava de cérebro reptiliano); é por essa razão que identificamos emoções nos animais. O sistema límbico garante a sobrevivência do ser vivo que possui emoções, ainda que rudimentares.

Nós podemos pensar nas emoções mais básicas; vamos tomar o medo como referencial. O ser, ao captar o ambiente com seus sentidos e identificar que existe alguma ameaça à sua sobrevivência ou à sua integridade, reage automaticamente expressando a emoção medo. E esse conceito não se restringe a um parecer popular de emoção, trata-se de um conceito técnico, conceito da neurociência da emoção. A emoção como um automatismo, como a primeira reação que o ser vivo apresenta ao ambiente.

Salientamos em capítulo anterior que a emoção é automática, não é algo controlado pelo nosso raciocínio. Em segundo lugar, a emoção é fisiológica, uma emoção altera o sistema endócrino, ou seja, os hormônios que são produzidos no seu corpo, neurotransmissores, funcionamento do encéfalo, circulação sanguínea etc.

Ninguém controla o não sentir emoção. Captou o estímulo, o nosso cérebro mais primitivo, mais antigo, essa parte do cérebro que cuida das funções automáticas do corpo reage. Portanto, a emoção é mais física do que imaginamos.

A emoção tem a capacidade de alterar o batimento cardíaco, dilatar ou contrair a pupila. Uma emoção pode ou não provocar arrepios. Pode secar boca ou enchê-la de saliva. A emoção repulsa pode causar náusea, afetar o sistema digestivo, acarretar mal-estar. Trata-se de automatismo, fisiologia, ou seja, a emoção é física, essa macaquinha é totalmente fisiológica – é importante entender esse conceito. Com base nisso precisamos desfazer uma ilusão.

Qual é a primeira ilusão que alimentamos? De que a emotividade é atributo apenas do outro. Todo ser humano é emotivo, aliás, mais emoção do que reflexão. É imprescindível desfazer a crença equivocada de que emoção é algo ruim, porque foram as emoções que nos trouxeram até aqui.

Emoção é a parte mais antiga da nossa evolução biológica e até espiritual; é a mais treinada, a mais sábia que temos dentro de nós, dado seu funcionamento. Portanto, essa visão de um ser humano racional é totalmente ficcional, fantasiosa. Nós na verdade somos esse conjunto de automatismos.

O próximo passo de nossa abordagem acerca de emoção é a sua definição de acordo com a neurociência. A obra de Eric Kandel – *Princípios de Neurociências*, citada anteriormente, vai contribuir para essa elucidação. No capítulo 48 há uma distinção entre emoção e sentimento. Emoção é o automatismo, é aquela parte do sentir, aquela parte da afetividade, da reação automática, que não foi ainda modulada pela parte racional.

Ao sentirmos a emoção e em seguida refletirmos e atuarmos sobre ela, transforma-se em sentimento.

Sentimento seria uma interação de nossa racionalidade, do córtex pré-frontal na interação com esse automatismo do sistema límbico. Sentimento é algo um pouco mais elaborado. A emoção é automática, inconsciente; o sistema límbico atua em todo o nosso sistema nervoso autônomo. Então, o que acontece? Dependendo de uma reação, o nosso sistema simpático entra em ação. Por exemplo, você toma um susto, que gera uma reação de estresse – você pode parar de salivar, seu batimento cardíaco acelerar, as glândulas endócrinas produzirem noradrenalina, seu sistema digestivo diminuir o funcionamento, ou seja, você está fisiologicamente preparado para o desafio.

O ser humano também apresenta certas reações em situações adversas. Ao estar preparado para o repouso, para o prazer é o sistema parassimpático que assume o controle. O batimento cardíaco diminui, as glândulas sexuais cumprem com sua função de produzir hormônios. Você tem consciência disso? Evidentemente que não. E se eu lhe der um susto, você tem controle? Também não, porque o encéfalo funciona no automático, por isso que é um sistema primitivo, um sistema evolutivamente antigo – isso é emoção.

Essa é a macaquinha das emoções, cuja função é controlar seu batimento cardíaco, sua hipófise e todas as glândulas endócrinas de seu organismo, ou seja, a macaquinha das emoções tem domínio total sobre seus neurotransmissores e hormônios; quer dizer que você não monitora o *start* da emoção, pois ela surge ao menor estímulo.

Retomando o conceito: automatismo e fisiologia. A emoção é automática no surgimento, esse é o primeiro elemento. Segundo elemento, a emoção é fisiológica, e, ao se instalar, provoca mudanças no sistema nervoso autônomo, no tronco encefálico, bulbo, ponte; atua na amígdala, que está relacionada à raiva e ao medo; age na hipófise, que controla as demais glândulas; nos neurotransmissores que circulam pela corrente sanguínea; no funcionamento dos intestinos etc.

À vista disso, subestimar a macaquinha das emoções é um equívoco. É fundamental elucidar que estados emocionais prolongados afetam a fisiologia de maneira muito profunda. Há uma pesquisa, um artigo acadêmico de Moshe Szyf, farmacólogo e grande pesquisador em uma área denominada epigenética, que é a área da biologia que estuda mudanças no fenótipo (conjunto de características observáveis de um organismo) que não são causadas por alterações na sequência de DNA. Nós temos nossa genética e com o advento do projeto genoma foi catalogada toda sequência de DNA e posteriormente realizado o seu respectivo mapeamento. Não obstante, percebeu-se que havia muito mais a ser estudado. Havia mecanismos moleculares não genéticos, que motivam os genes a se manifestar ou a se inibir. Essa ciência recebeu o nome de epigenética.

Em meio às pesquisas, a metilação, que consiste em um mecanismo bioquímico que desativa a expressão de um determinado gene, tornou-se um tema relevante. Em 1998, ocorreu um grande problema com a distribuição de eletricidade no Canadá. A falta de eletricidade nos meses de inverno rigoroso representou um período de profundo estresse para a população. Esse fato foi determinante para Moshe Szyf selecionar algumas gestantes e acompanhá-las, até o nascimento dos bebês. Moshe e sua equipe previamente tinham conhecimento de que o ser humano enquanto exposto ao estresse, por certo tempo, apresenta processos de metilação em seu DNA que alteram uma substância chamada glicocorticoide, ligada a questões de estresse.

Assim, após o nascimento dos bebês, foram realizados exames na placenta para apurar se o gene dos recém-nascidos havia sofrido metilação e se havia constatação de alterações de glicocorticoide causadas pelo estresse sofrido pelas então gestantes. O resultado dos exames provou a existência de metilação, ou seja, um fator ambiental – a falta de eletricidade nos meses de inverno rigoroso desencadeou estresse nas mães, que afetou o DNA alterando os genes relacionados à síntese de glicocorticoide do bebê. Na pesquisa que perdurou por 20 anos, essas crianças foram cuidadosamente examinadas até 17, 18 anos de idade.

Comprovadamente, as emoções interferem na expressão de nosso DNA. Outras situações, não somente de estresse, mas também aquelas relacionadas a acidentes naturais, agressão sexual ou experiências opressoras (de assaltos, de guerra) resultam em um transtorno denominado Transtorno de estresse pós-traumático, ou simplesmente TEPT, que foi igualmente tema de estudo de Moshe. Nesses casos, o pesquisador também constatou alteração do DNA, especificamente na região dos genes responsável pelos glicocorticoides.

E a modificação da expressão gênica ainda se faz presente nos quadros de tristeza prolongada, de depressão unipolar, de depressão bipolar, em que há alteração da produção de neurotransmissores, de hormônios.

> É fundamental buscar equilíbrio emocional. Buscar saúde física e psíquica não é um estilo, mas uma questão de qualidade de vida.

E a meditação, nesse aspecto, consiste em uma ferramenta que muito contribui para o equilíbrio emocional sem, contudo, dispensar o tratamento médico e ou psicoterápico.

A meditação ajuda no que diz respeito ao condicionamento, ao treino, à compreensão do que são as emoções, de que forma trabalhar com elas e aprender a observá-las. Na meditação profunda, eu observo qual é o padrão de comportamento da macaquinha das emoções, sem interferir e sem interagir.

Ao examinar a macaquinha das emoções eu busco identificar quais são meus padrões emocionais. Eu trabalho aqui com um modelo inspirado em Robert Plutchik[5], contudo, eu ampliei esse estudo porque Plutchik

---

5 Robert Plutchik foi um psicólogo norte-americano que desenvolveu um modelo das emoções baseando-se na teoria da psicologia evolutiva das emoções. Disponível em: https://br.psicologia-online.com/a-roda-das-emocoes-de-robert-plutchik. Acesso em 12/10/2020.

tinha apurado somente 8 emoções, então eu completei para preencher quatro lacunas restantes e chegar às doze emoções básicas[6], algumas das quais nós expressamos diariamente. E tal expressão está intrinsicamente ligada à nossa fisiologia – alimentação, maneira de reagir, crenças, comportamento, criação, educação, com nosso *mindset*.

Mindset é como se fosse sua estrutura mental. Vamos considerar pessoas que apresentam constantemente uma estrutura de pessimismo. Independentemente de oportunidade ou circunstância favorável, a reação aos acontecimentos é sempre derrotista. Há indivíduos que têm o *mindset* do medo, outros da raiva; outros ainda relacionado a crenças, valores éticos, visão de bem-estar. Esse conjunto é importante porque revela muito do indivíduo e das reações que demonstra. De acordo com o padrão de manifestação emocional de uma pessoa, é possível mapear até os problemas físicos que ela tem, o que ela mais manifesta. E por quê? Porque as emoções são fisiológicas.

Portanto, é imprescindível ressignificar, e, em conformidade a meditação favorece o acesso à redefinição, inicialmente por meio da observação, do conhecimento. A meditação é significativa, pois eu preciso aprender a olhar sem interferir e sem interagir, a olhar com compaixão, sem comparar, sem julgar para entender o meu padrão emocional, ou seja, a minha teia emocional.

---

6 *A Bússola e o Leme*. Letramais Editora.

Balizado nessa dinâmica é que a meditação fornece a informação e o autoconhecimento, o instrumento que nos permite agir e corrigir.

> Na meditação você observa, no autoconhecimento você corrige e atua.

As emoções básicas

Para este estudo, recorro ao modelo das emoções básicas disponível em meu livro *A Bússola e o Leme,* onde apresento um sistema de 12 emoções básicas. Mas, por atuarem em pares, as emoções, na verdade, somam seis. É como se fossem seis conjuntos de emoções básicas. Ao entender o *modus operandi* desses conjuntos das emoções básicas, nós passamos a compreender nossas demandas emocionais.

Vou explicar como cheguei a esses 6 pares de emoções básicas. No final do século XIX, surgiu um grande pensador e pesquisador – Charles Darwin.[7] Ele descobriu o conceito da evolução que é fundamental. É um conceito não tão bem absorvido, porque as pessoas tentam opor o conceito de evolução à existência de Deus, o que gera outra confusão, porém não vamos abordar essa questão.

Primeiramente, o processo de evolução e aprimoramento dos seres teve início a partir do organismo uni-

---

[7] Charles Robert Darwin foi um naturalista, geólogo e biólogo britânico, célebre por seus avanços sobre evolução nas ciências biológicas. Disponível em https://pt.wikipedia.org/wiki/Charles_Darwin. Acesso em 12/10/2020.

celular, composto de apenas uma célula sem núcleo, por isso denominada célula procarionte. Posteriormente, evoluiu e se transformou em uma célula com núcleo, denominada eucarionte. Após milhões de anos de evolução, chegamos aos primatas, com centenas de espécies, que estão muito próximas do ser humano.

Por exemplo, o DNA de um chimpanzé é 98% igual ao nosso. Entretanto, os 2% restantes é que fazem a diferença. Desse conjunto de seres primatas, uma espécie de primata se adaptou melhor – esse é o conceito de evolução. A espécie que se adapta mais ao ambiente cria mais recursos para se aperfeiçoar e se reproduzir – é esse o conceito de adaptação.

Resumidamente: se você está em um lugar hostil, não se comporta como se estivesse em um ambiente tranquilo. Logo, você adapta o seu comportamento de acordo com as situações do ambiente.

Inicialmente, Darwin trabalhava com os instrumentos de que dispunha, mas ainda que tivesse uma ideia genial, não possuía tanta tecnologia para pesquisar. Hoje, com a tecnologia, nós nos aprofundamos e compreendemos bem mais essa ideia de evolução, inclusive no âmbito espiritual. A obra *Evolução em dois mundos*[8] possibilita entendermos as questões relacionadas à evolução espiritual e biológica: "O medo é o berço rústico da fé". Porque fé é confiança, a fé em latim é *fidem*, em grego é *pistis*, em hebraico é *Emunah*, essas três palavras exprimem confiança. Fé não é acreditar. Acreditar não é

---

8 XAVIER Francisco C. Pelo Espírito André Luiz. *Evolução em dois mundos*. Editora FEB.

emoção, acreditar é pensamento, uma operação mental. Confiança é uma operação emocional, a ponto de que se você interpretar Deus, tal qual um ser punitivo e agressivo, que persegue as pessoas, você sentirá medo. Contrariamente, ao adjetivar Deus de protetor, de suporte, você certamente sentirá confiança. Fé é Confiança.

Nós podemos, em um relacionamento, expressar medo ou confiança. Se o seu parceiro constitui uma ameaça, você sente medo. Se você o interpreta enquanto um apoio, sente confiança, segurança. Evidente que essa interpretação depende do histórico de vida da pessoa, depende de fatos etc.

Oportuno salientarmos a contribuição de William James, psicólogo norte-americano e um dos fundadores de uma escola psicológica chamada funcionalismo: "Não é só o nosso corpo que se adapta ao ambiente, o nosso psiquismo também se adapta ao ambiente", afirma o estudioso. De acordo com o estudioso, as emoções denotam adaptações de nosso psiquismo ao ambiente. Assim, a macaquinha das emoções desempenha a capacidade de psiquicamente, internamente nos adaptarmos às mudanças no ambiente. De outro modo, estamos falando da teoria psicoevolucionária das emoções.

Para William James, as emoções são, inicialmente, processos evolutivos, visto que os seres vivos foram se desenvolvendo. Comparar o ser humano a um animal, em termos emocionais, é passível de disparidade. É indiscutível que o ser humano expressa muito mais emoções e em nível bem mais sofisticado do que o animal. Entretanto, a emoção responde pela sobrevivência dos animais. A nossa macaquinha das emoções é bastante complexa, mas os animais, a despeito de espécie, sejam de pequeno ou grande porte, selvagens ou não, igualmente exprimem emoções, porém em nível primário. Por essa razão, que o processo é evolucionário.

Mas, retomando Robert Plutchik, em suas investigações surgiu-lhe uma ideia extraordinária. Pedagogicamente, ele comparou as emoções a cores. Do mesmo modo que as cores têm nuances (verde-água, verde-claro, verde-escuro), as emoções apresentam gradações. Você pode, naturalmente, ter certo medo, pequeno medo, medo maior, medo enorme e você pode expressar pânico. De forma análoga em relação à alegria que pode ser por meio de um agrado, mas que pode representar euforia, uma alegria que lhe faz rolar, pular. A emoção varia na intensidade, pode ser clarinha ou forte, uma emoção muito intensa ou leve.

Na meditação, a depender de seu olhar, a macaquinha das emoções pode se apresentar pequenina, na forma de uma macaca, pode se transformar em um gorila, ou até mesmo em um King Kong. De modo aproximado, você pode apresentar raiva bem pequena, raiva média e raiva gigante.

Plutchik ainda acrescenta em suas considerações que podemos combinar as cores e gerar nova cor. Para o nosso estudo e mais entendimento eu proponho misturar duas emoções: medo e antecipação. Vamos fazer, de princípio, uma mistura leve e depois vamos intensificá-la. Apenas para relembrar – o medo surge quando os sensores, os sentidos fazem uma varredura no ambiente e detectam certa ameaça à sua vida, à sua integridade. Você sente a emoção medo, que é uma reação espontânea à ameaça, o que gera necessidade de proteção. Simultaneamente, o coração bate mais rápido, o encéfalo libera adrenalina, o funcionamento de seu estômago reduz. Fisiologicamente, o medo é um automatismo, uma reação involuntária do encéfalo, que prepara todo seu organismo para fuga ou para luta.

Diante de qualquer ameaça, portanto, nós temos duas opções: lutar ou fugir a fim de obter segurança. O mesmo comportamento pode ser verificado em relação aos animais. O animal, ao apurar qualquer ruído que represente uma ameaça, foge para garantir a segurança de sua sobrevivência e de sua integridade física. Em suma: a emoção é automática, fisiológica; a emoção designa um mecanismo de adaptação ao ambiente.

Vamos conceituar agora a emoção antecipação. Antecipação é quando seus sensores detectam no ambiente algo previsível, ou melhor, uma experiência já vivenciada. Perante a emoção antecipação, a reação é planejar, explorar, lidar com aquilo que é conhecido. Para exemplificar: você está dirigindo um carro e de repente constata a colisão de três veículos bem à sua frente. Por conhecer o que é uma batida de carro, você se antecipa. Então, vem aquela emoção de visualizar: "Eu vou bater".

Trata-se de uma reação automática. Em um milésimo de segundo todo seu corpo muda e você visualiza, você quase enxerga a situação. A ação seguinte é acionar o freio, diminuir a velocidade ou desviar da colisão. Então, a função da antecipação é a variedade, a alternativa; eu quero mudar aquele recorte, eu quero variar o desfecho daquela história.

Sintetizando: o que distingue a antecipação do medo? Na antecipação eu tenho uma reação automática em que eu desenho o que vai ser aquele momento, porque já vivenciei algo similar e, portanto, tenho memória daquela situação. Nesse caso, eu busco uma variação, um caminho alternativo, a fim de evitar aquele final.

Assim sendo, todas as emoções são benéficas e estão a serviço da sobrevivência e da preservação da espécie (o medo, a antecipação, a raiva etc.).

Em conformidade com o pensamento de Plutchik, nós temos condições de mesclar cores e mesclar emoções. Resgatando o nosso modelo: medo e antecipação. Ao antecipar o medo, eu prevejo, eu visualizo que está se aproximando ou que no futuro eu terei algo ameaçador. Por conseguinte, eu antecipo um medo, uma ameaça. Ao misturar essas duas emoções, eu tenho:

Medo + antecipação = ansiedade.

Por ansiedade devemos entender que a ameaça não chegou, não está aqui, porque se estivesse não seria ansiedade, mas medo. E nesse caso, eu estaria preparado ou para fugir ou para lutar.

No período de quarentena, muitas pessoas, embora dentro de casa e em segurança, expressaram ansiedade, o que é normal. Você sabe o que é, então você antecipa uma ameaça; você sente medo e antecipação. Mas, o que ocorre quando vira transtorno de ansiedade?

Estudamos, conforme Plutchik, que a mistura está sujeita a gradações, podendo se apresentar fracas ou fortes. Ao agregar variantes intensas de medo e de antecipação, certamente obterei ansiedade gigantesca. Por conseguinte, o transtorno da ansiedade é quando essas cores se tornam berrantes, é quando eu posso ter realmente um episódio de pânico (falta de ar, ideia de morte, reação orgânica de morte).

Na síndrome da ansiedade, no transtorno de ansiedade, porém, a ameaça não é mais real, mas em nível mental. Simbolicamente: é a macaquinha das emoções que virou gorila. Para mais entendimento, vamos pensar em um indivíduo que enquanto dirige seu carro ouve certo barulho no motor. A partir desse momento, ele passa a sentir medo e a supor, a antecipar situações improváveis (o carro vai parar, vai chegar um assaltante, e eu vou ser sequestrado); trata-se do hábito de constantemente imaginar o improvável e o pior desfecho para aquela situação. O transtorno da ansiedade é um quadro que traz muito sofrimento, com profundo impacto, necessitando, às vezes, de intervenção psicoterápica, ou medicamentosa que atue nos níveis de serotonina e de dopamina do cérebro.

Salientemos, contudo, que a ansiedade pode ser também de origem fisiológica. Hipoteticamente, você está dentro de um avião e este, ao passar por forte turbulência, começa a cair. Você está ansioso, porque de fato está vivendo um perigo iminente; o avião está caindo e você acredita que vai morrer, é real, o perigo existe de fato. Nesse caso, trata-se de uma reação natural. Assim também ocorre com a mistura de outras emoções conforme veremos a seguir.

A mistura das emoções básicas

Segundo a teoria psicoevolucionária das emoções, apregoada por Robert Plutchik, a fusão entre emoções primárias pode dar origem a emoções secundárias, terciárias, quaternárias. Você considera coragem uma emoção básica ou a mistura de várias emoções? Coragem é uma mescla de pequena porção de medo, grande porção de confiança, pequenina porção de alegria e de antecipação. Mistura-se tudo e, então, temos a coragem. É bem complexo. Ciúme, por sua vez, é composto de várias emoções básicas (parcela expressiva de medo, pitadas de raiva, pequena porção de repulsa, de nojo e mais uma fração de tristeza).

Mas, então vem o argumento: "Mas, Haroldo, o meu ciúme é diferente do seu". Naturalmente, porque os componentes de sua mistura, as emoções primárias empregadas por você são diferentes das minhas. No meu ciúme eu posso misturar duas emoções básicas, três, cinco até doze emoções básicas, em proporções diferentes. O que é importante aqui fixar é que não posso confundir variações de intensidade, não posso embaralhar misturas de emoções, mas saber distinguir o que é emoção primária.

A macaquinha das emoções geralmente trabalha com emoções compostas. Nesse caso, nós precisamos experimentar, degustar: "Ah, aqui tem um pouco de raiva, um pouquinho de alegria, uma pitadinha de medo". É o mesmo que experimentar um prato e tentar identificar que ingredientes foram utilizados naquele preparado – um trabalho de *Masterchef*.

Na meditação profunda, ao observar a macaquinha das emoções, você tenta identificar quais emoções primárias estão envolvidas no que você está sentindo naquele momento.

As emoções primárias ocorrem aos pares; as emoções são comparadas a cores, por isso você não pode confundir a intensidade de uma emoção, pois as emoções variam em intensidade. Logo, você deve estar atento porque as emoções se misturam, e cabe a você separar e identificar quais são os ingredientes.

Toda vez que eu me refiro a uma emoção primária, eu devo me perguntar: que estímulo, que gatilho externo dispara aquela emoção? A identificação do estímulo no ambiente que produz tal emoção garante apurar a emoção básica. Vamos passar a analisar os pares das emoções.

TRISTEZA E ALEGRIA

Aos 15 anos de idade você ganhou uma pulseirinha de sua avó, feita de crochê, que você amava. Mas, por um motivo qualquer, você a perdeu. Que emoção esse fato desencadeia? Tristeza. Então, o estímulo pode ser a perda de um objeto, de uma pessoa amada, a perda da saúde, do emprego. E a emoção tristeza, por sua vez, nos motiva a tentar recuperar o que foi perdido.

É verão, está tudo verde, e os animais estão bebendo água, se alimentando bem. Em outras palavras, eles estão em plenitude. Em estado de completude, quando o estímulo é plenitude, a emoção que acompanha é a alegria. Inversamente, em pleno inverno, sem alimento e água abundante, a emoção predominante nos animais será a tristeza. Qual a alternativa? Movimentar-se, procurar e recuperar um lugar em que haja água e comida. É pela mesma razão que as andorinhas, os pássaros migram no inverno para outras regiões, para buscar a plenitude, a completude (ver *A Bússola e o Leme*, de minha autoria).

Se não fosse a emoção tristeza, animal nenhum realizaria a migração no período do inverno e consequentemente não sobreviveria. Trata-se de uma estratégia da natureza, é uma reação fisiológica automática. Para que o ser, de qualquer espécie, sobreviva diante da escassez, da perda, é preciso ter uma reação fisiológica, é preciso se deslocar. Caso contrário não sobrevive, não se adapta ao ambiente. Em resumo: tristeza e alegria são respostas fisiológicas, psicobiofísicas, que visam à adaptação do ser vivo ao ambiente, à sobrevivência e à perpetuação da espécie.

No psiquismo humano, muito mais complexo do que o psiquismo de uma andorinha, há diferentes faltas e perdas, inclusive imateriais, intangíveis, tais quais reputação, respeito, considerados valores sociais construídos na vida em sociedade, algo mais sutil, mais complexo.

Mas, o que é importante para nossa reflexão? Que você, ao sentir alegria ou constatar alegria em um familiar, em um colega de trabalho, pergunte: "O que está abundante, o que está completo aqui no ambiente, para eu estar sentindo alegria?" O mesmo referencial se aplica a outra pessoa.

E essa verificação se dá não apenas em relação ao ambiente externo, mas igualmente ao ambiente interno, pois os estímulos internos também nos causam emoções. Você pode lembrar de um fato que lhe traga tristeza ou alegria e questionar: "Que tipo de perda, ou falta está me levando a sentir tristeza? Ou o que há neste ambiente em termos de abundância, em plenitude que está me proporcionando alegria?"

Em que momento eu sinto a emoção tristeza? Quando eu faço uma leitura no ambiente e detecto que houve perda, está faltando algo, está pouco, está insuficiente, há carência. A função da emoção tristeza é despertar em nós a necessidade de recuperar, de restaurar o que foi perdido, ou o que falta.

A tristeza é uma emoção primária. E por que é uma emoção primária? Pense em seu *pet*, se estiver faltando a ele alimento, ou companhia, ele ficará triste. E o que a emoção tristeza leva seu *pet* a fazer? A se movimentar para recuperar o que perdeu ou o que está faltando, ou seja, ele passa a procurar o dono. E ao encontrá-lo, ele volta a ser feliz, porque recuperou o que faltava. Então, a tristeza é uma reação automática, fisiológica, diante da perda ou da carência.

A tristeza me impulsiona a recuperar o que eu perdi ou o que falta, a reviver, a relembrar, porque ao relembrar de certa maneira eu recupero, eu resgato aquelas memórias, aquelas experiências do passado. Por sua vez, qual o propósito da tristeza? Trazer satisfação. Toda essa estratégia de meu psiquismo visa buscar satisfação. Se está faltando, eu não quero que falte; eu quero me sentir satisfeito novamente. Se há carência, eu quero a completude.

Um dos autores que inspirou o filme "Divertidamente" foi Paul Ekman, que foi discípulo de Robert Plutchik.

No filme, a Alegria foi a protagonista das primeiras memórias e da formação dos traços da personalidade de Riley, uma menina de 11 anos. Já a Tristeza é vista de maneira negativa como se sempre estivesse acabando com os momentos felizes da menina.

A Alegria passa o filme todo tentando ignorar e se livrar da Tristeza e reduzir, gradativamente, sua participação na vida de Riley. Quando a Alegria reconhece a importância da Tristeza, entende que ela é necessária para formar a nossa personalidade, memória, cognição e experiências. Que a Tristeza nos ajuda a extravasar quando algo não está certo.

Assim, as duas emoções começam a trabalhar juntas. Riley não mora mais em Minnesota, e os momentos felizes que lá passou são lembrados com um misto de alegria pelo que viveu e tristeza por não poder mais viver aquele momento no seu dia a dia.

DEPRESSÃO

Todos sabemos que tristeza e depressão são emoções ligadas à macaquinha das emoções. A tristeza pode se apresentar metaforicamente em tom claro, uma tristeza discreta, que corresponde à perda de um compromisso, a chegar atrasado em uma reunião e perder a fala inicial, por exemplo. A tristeza pode então variar em intensidade – uma perda que não consigo recuperar.

É por isso que quando perdemos um ente querido ocorre a tristeza, porque detectamos internamente ou externamente a falta e passamos a reviver, a relembrar, ativando assim a macaquinha da memória. Vou narrar um fato particular: Eu perdi o meu avô paterno que morava em Poços de Caldas e amava cozinhar. A última vez que o vi ele estava bem debilitado, quase partindo. E ele me disse: "Haroldinho, (ele me chama assim carinhosamente, porque meu pai se chama Haroldo) hoje eu não pude cozinhar para você, meu filho, mas da próxima vez que vier aqui, eu vou fazer uma comida bem gostosa para você". Toda vez que eu sinto falta dele, eu relembro essa conversa, eu ativo a memória, e ao lembrar, de certa maneira, eu recupero a presença dele.

Embora eu seja imortalista e saiba que ele está vivo, de onde ele está não pode cozinhar mais para mim, então eu sinto falta. Quando você lembra, você recupera, você resgata. Isso é a tristeza, é que nos faz buscar sempre a satisfação, a buscar a plenitude. A tristeza é um impulso para plenitude. O problema é quando ela se intensifica, sai do equilíbrio, e nós enveredamos para outro quadro.

Em nossa reflexão, seguindo a lógica, eu proponho: o que acontece se eu misturar tristeza com medo? Partindo da exemplificação, você perdeu um ente querido; a tristeza se instala e com ela o medo, porque houve desestabilização de sua integridade psíquica. Você sente medo de quê? A primeira manifestação de medo vem por conta de enlouquecer de dor.

Apresento agora alguns elementos da mistura, da fusão entre tristeza e medo, entre tristeza e antecipação. Ainda na ilustração acima, eu passo a ter medo de perder outras pessoas. Eu passo a imaginar tal perda e passo a antecipar. Essa combinação entre medo, tristeza e antecipação forma um quadro propício à depressão; caso se torne acentuado, pode resultar em depressão.

Embasado em material extraído da literatura acadêmica, nas obras *Princípios de Neurociências*, de Eric Kandel, citado em capítulo anterior, *Compêndio de psiquiatria*, de autoria de Benjamin J. Sadock; Virgilia A. J. Sadock, et al. e na contribuição de Andreas Cândido Reis, meu professor de neurofisiologia, é que discorro nesta oportunidade acerca da combinação entre as emoções primárias.

No quadro de depressão, as primeiras emoções a mesclarem são tristeza, medo e antecipação, ou, às vezes, apenas tristeza e medo. O que acontece? O quadro de depressão é inicialmente descrito por profunda tristeza, abatimento total que pode estar acompanhada de perda de interesse em praticamente todas as atividades, perda de interesse pela vida, a perdurar no mínimo por duas semanas. Enquanto em luto eu apresento tais sintomas? Sim, mas não espelha um quadro de depressão, antes se trata de reação natural, considerando o forte estresse, ou a grande perda.

Uma das características evidentes de depressão incide na falta de uma causa explícita que justifique o comportamento. O paciente em depressão não consegue definir o que e por que sente. Os sintomas que qualificam a depressão são: estar no humor deprimido, perda de interesse por tudo, isso se prolongar por uma ou duas semanas, sem definição de causa. O paciente deve apresentar pelo menos três dos quatro sintomas.

Além disso, deve apresentar pelo menos mais três ou quatro dos elementos descritos abaixo: insônia ou hipersonia, sentimentos de desvalorização ou culpa, fadiga ou falta de energia, redução da capacidade de pensar ou de se concentrar, alteração significativa no apetite ou no peso, tanto para mais, quanto para menos, retardo ou agitação psicomotora, é sempre um excesso para mais ou para menos, a pessoa mostra-se apática ou muito agitada. Incapacidade de vivenciar o prazer, e, em alguns casos pensamentos recorrentes de morte ou suicídio. São esses distúrbios que configuram a doença depressão.

Existem graus de depressão, desde a mais leve até a mais grave. É muito difícil diagnosticar uma depressão leve, pois todos nós podemos sentir, seja por discreta apatia, pelo excesso de sono, ou falta dele etc.

Na depressão intensa, há a depressão unipolar, aquela descrita acima, e existe a bipolar. A depressão bipolar caracteriza-se pela variação de humor; é quando o paciente oscila entre picos de euforia e picos de tristeza;

ele percorre os extremos da tristeza e os extremos da alegria. Vamos lembrar que alegria/tristeza agem em par. A pessoa, nesse estado, não tem condições de avaliar, de mensurar. Em vista disso, é de extrema relevância o tratamento médico e psicoterápico, tanto na depressão unipolar como na bipolar.

SURPRESA E ANTECIPAÇÃO

Qual é a diferença entre surpresa e antecipação? Meu filho João Gabriel adora me dar susto, às vezes, ele me surpreende, mas em certos momentos, por perceber a estratégia dele, por antecipar aquela ação eu não me assusto. Em relação à emoção surpresa, que estímulo do ambiente causa essa emoção? O imprevisto, o imprevisível causa surpresa que por sua vez provoca aumento da adrenalina, da noradrenalina, aceleração do batimento cardíaco etc.

Passemos a outro exemplo: a pessoa decide ir à montanha-russa: "Meu Deus! Eu sei o que é uma montanha-russa", ela diz. Nesse momento, a pessoa acha que sabe, ela antecipa. Então, senta-se no carrinho, e o carrinho começa a subir: "Ah, eu sei, esse carrinho vai subir e vai descer".

Essa experiência eu vivi em um parque aquático em Fortaleza, Ceará, que tem escorregador aquático enorme: "Ah, eu vou subir, é o escorregador com água, vou descer, eu sei, vou descer, eu já sei o que é". Subi, mas no momento que chegou lá em cima, eu olhei para baixo, eu falei: "Nossa, mas é alto isso aqui". Na hora que eu escorreguei naquilo, o meu corpo descolou do escorregador, e o meu perispírito descolou do corpo, então ficaram no escorregador meu corpo e o perispírito à frente. Eu realmente acreditava que a experiência era previsível, mas foi uma surpresa.

Então, por que a pessoa pula de paraquedas, pratica um esporte radical? Porque ela quer surpresa. Por que as mulheres gostam de receber agrado, uma flor, um chocolate? Porque elas querem a emoção surpresa. Diante do estímulo imprevisto, a emoção é a surpresa.

Mas, qual a finalidade da emoção surpresa? É lhe preparar para explorar, para você se adaptar à circunstância, ou melhor, a emoção surpresa lhe prepara para você ser adaptável, flexível. Contudo, você precisa encontrar um modo de conhecer, de explorar aquela experiência.

E a antecipação? É quando eu faço uma leitura do ambiente e constato que o ambiente está previsível, exatamente do modo que eu previa. A partir desse estímulo, eu passo a fazer mais previsões, a estender o planejamento, a estender a minha visão para o futuro. Na semana seguinte, você tem uma reunião com seu chefe e consegue prever o assunto que será tratado e os possíveis desfechos para as questões propostas. Isso é antecipação. Na antecipação, o que vigora é a previsibilidade.

De aspecto relevante, entretanto, é entender que antecipação ao extremo se converte em ansiedade. Em que consiste a ansiedade? Em prever, tentar adivinhar o futuro, a ponto de se deslocar e passar a viver somente no futuro. Nesse estágio, o indivíduo não explora, ele deixa de perceber o agora, porque antecipa apenas o que vai acontecer. E nós precisamos viver o agora, e para isso a emoção surpresa deve ser acionada.

Ainda que a ansiedade constitua exagero da antecipação e cause o desequilíbrio, não podemos etiquetar a emoção, pois todas elas são maravilhosas; o problema é o excesso ou a falta, não é a emoção em si. Antecipar é espetacular; se você não fosse capaz de sentir a emoção antecipação, não conseguiria realizar todas as atividades da vida prática (sair de casa, tomar um copo de água, tomar um banho).

MEDO E CONFIANÇA

No medo eu leio o ambiente e detecto uma ameaça; na confiança eu leio o ambiente e interpreto algo de forma amigável; eu enxergo aquele estímulo como um suporte. O mesmo estímulo pode gerar sensação de ameaça ou sensação de esteio, apoio.

Vamos considerar que você decida comprar pão. No momento em que você abriu a porta de entrada da padaria se deparou com um *pit bull* olhando para você. Ao olhar para o cachorro sentiu medo, porque você o interpretou tal qual uma ameaça. Então, quando no ambiente existe ameaça à vida ou à integridade corporal, a emoção é medo. Consequentemente, o corpo se prepara para lutar ou para fugir.

Por outro lado, ao notar, em seu ambiente profissional, pessoas conversando você pode interpretar aquela conversa tal qual uma ameaça, porém não à sua integridade física, mas à sua reputação, ao seu emprego, uma ameaça ao seu posicionamento profissional. É natural que sinta medo. Agora, vamos retomar o episódio da padaria – o *pit bull* lhe causou medo. Mas, e se o cachorro fosse seu, você sentiria medo? Um cão que foi educado, cuidado por você desde filhote não lhe causaria medo, mas confiança. O cão do outro desperta ameaça, o seu cãozinho de estimação inspira confiança. Se o medo instiga luta ou fuga, a confiança aproxima, associa, une.

RAIVA E EMPATIA

Hipoteticamente, a caminho de uma reunião importante, você se depara com um congestionamento imenso na estrada. Você está a 15 minutos do início da reunião, mas o trânsito está moroso. Quanto você interpreta o ambiente e enxerga um obstáculo, que emoção você sente? Raiva.

A expressão raiva ocorre em circunstâncias nas quais algum impedimento dificulta a obtenção de algo ou impede a realização de um desejo e ou objetivo.

Qual a função da raiva? A emoção raiva nos impulsiona a contornar, a subjugar, ou a destruir o obstáculo. Quando a raiva está em desequilíbrio, ou seja, quando a sua intensidade não está correta, eu posso contornar a pessoa, subjugar a pessoa ou atacá-la, destruí-la. Consequentemente, torna-se agressividade, violência.

Nós temos variação na intensidade que é quantitativa, porém temos também variação na direção, na aplicabilidade, no sentido de direcionar aquela emoção. Equilíbrio das emoções não é apenas balizar na quantidade, mas direcionar a raiva. Direcionar para onde? Para fazer musculação na academia você precisa da emoção raiva; para acordar às 6 horas da manhã no inverno de São Paulo, 8°C, com garoa, para fazer um curso, ou para trabalhar, você precisa de muita raiva. Você precisa dessa energia que leva à superação do obstáculo.

Em outra perspectiva, ao realizar uma leitura do ambiente e perceber uma ponte, um veículo que me leve à concretização de um objetivo, ao invés de constatar um obstáculo, um impedimento, o que eu sinto? Empatia. A empatia é a emoção que eu expresso ao interpretar no ambiente algo que represente um meio, um recurso que irá me auxiliar a conseguir o que eu quero. Temos, então, outro par de emoção: raiva e empatia.

Mas, empatia é o par da raiva? É isso mesmo. Se eu olho alguém e interpreto esse alguém como um obstáculo eu vou querer eliminar essa pessoa, eu vou querer tirar ela do meu caminho. Se eu interpreto essa pessoa como uma ponte, como algo que vai agregar, como algo que vai me auxiliar a obter o que eu quero o sentimento que vem é de empatia, de identificação. Então, vai acontecer um fenômeno fantástico chamado espelhamento. Quando eu olho para o outro e em lugar de enxergar nele um obstáculo, eu enxergo nele uma ponte, ocorre o espelhamento, a identificação. Isso se chama empatia.

Vamos imaginar que em seu trabalho você fará uma apresentação de um projeto para os diretores da empresa. Você inicia a apresentação e nota que há pessoas que não concordam com o seu projeto. Durante a explanação, elas começam a colocar obstáculos à sua ideia.

Que emoção você vai sentir? Raiva. Assim, quando eu interpreto um estímulo que está no ambiente como obstáculo ou como oponente, eu sinto raiva. Diversamente, você vai para a mesma reunião com pessoas aliadas que aprovam o seu projeto. Que emoção vai surgir? Empatia. E na empatia ocorre o fenômeno do espelhamento: você está entre pessoas que compartilham com você das mesmas ideias e comportamentos. Logo, elas passam a usar o vocabulário, a refletir, a apresentar o mesmo comportamento por causa dos neurônios-espelho. Trata-se do psiquismo, do funcionamento do encéfalo que estabelece sincronia. Essa é a empatia natural.

Eu posso criar empatia? Basta olhar para alguém e interpretá-lo tal qual um aliado. Defini-lo enquanto obstáculo, ou oponente vai gerar raiva. Mas, ao considerá-lo alguém que trará o recurso para eu resolver o problema eu construo empatia. Ao aceitar o indivíduo como um aliado eu consigo me colocar em seu lugar e, então, sinto a emoção empatia.

É por essa razão que para construirmos um ambiente de empatia é preciso mudar a percepção acerca das pessoas, das circunstâncias, dos ambientes. A empatia é fundamental para melhorar a comunicação, para desenvolvermos a comunicação não violenta, para nos relacionar de maneira mais pacífica. Caso você queira se aprofundar no assunto, eu recomendo o livro *Empatia – Por que as pessoas empáticas serão os líderes do futuro?*[9]

---

[9] RIBEIRO Jaime. *Empatia – Por que as pessoas empáticas serão os líderes do futuro?* Letramais Editora.

REPULSA E ATRAÇÃO

Repulsa eu me afasto, atração me atrai. Inicialmente, vou explicar de que forma se manifestam repulsa e atração nos animais. Perante um veneno, ou um alimento que não faz bem, o animal cospe ou vomita, ou seja, ele se afasta, ele expressa repulsa. E quando se trata de um nutriente, algo benéfico, gostoso, o animal sente-se atraído. O animal, igualmente, sente atração por um macho ou por uma fêmea da mesma espécie.

No que diz respeito ao ser humano, o processo é mais complicado, pois atração e repulsa dependem de subjetividade, de memória e experiências. A repulsa é uma emoção fundamental muito importante, que ao longo da evolução tem protegido o ser humano das toxinas. Há pessoas que não suportam café, que não toleram nem mesmo o aroma, outras têm atração fatal. Isso é subjetivo no ser humano.

Repulsa e atração são movimentos complementares. Você adentra uma casa e sente certa energia negativa, então repele, porque sabe que aquela energia não lhe faz bem. Contrariamente, pela vibração boa, salutar você sente atração. Há, igualmente, pessoas que nos causam repulsa, quer pela linguagem empregada, quer pelas atitudes; você interpreta aquele comportamento de modo maléfico, tóxico, o que resulta em aversão. E o correlativo perante pessoas agradáveis, de atitudes gentis e delicadas que representam um bálsamo, trazem benefício, é algo que você admira, logo você se sente atraído.

SOCIALIZAÇÃO E RECONHECIMENTO

Finalmente, vamos abordar o último par de emoções. Antes, porém, é importante fazer uma distinção entre o *homo sapiens* e uma espécie bem próxima ao ser humano. Vamos tomar por base um leão. O leão é um animal que vive em bando, vive em grupos relativamente pequenos. De acordo com Robin Dunbar, mencionado em capítulo anterior, quanto mais uma espécie se aproxima da espécie humana, maior é o grupo social a que pertence. Nós seres humanos somos animais gregários, animais sociais que vivemos em grupos sociais enormes. Devido ao nosso córtex pré-frontal mais desenvolvido, contamos com uma organização social complexa.

Mas, os leões, de vida social desenvolvida, apresentam outra característica similar à espécie humana: a presença de um líder no grupo. Na espécie humana, há liderança, o reconhecido ganha proporção, positiva ou negativa. No grupo social há indivíduos que se destacam, exercem liderança e querem ser reconhecidos.

A socialização é a participação, quando o indivíduo tem intenção de fazer parte de um grupo. Todo ser humano tem necessidade e deseja pertencer a um grupo. Todo ser humano tem necessidade de ser reconhecido, valorizado.

Socialização e reconhecimento. Que estímulos geram essas duas emoções? Ao experimentar isolamento, exclusão ou solidão, em qualquer ambiente, a emoção que surge é a socialização. É por isso que muitas pessoas sentiram solidão durante a quarentena. Como é que o ser humano reage ao isolamento? Sentindo a emoção socialização. Ele quer encontrar o seu grupo, quer abraçar, integrar, independentemente do número de componentes do grupo social (pode ser a família, grupo de amigos, grupo religioso), o que importa é socializar.

Quanto à emoção reconhecimento, o estímulo que desperta essa emoção é a invisibilidade, o esquecimento pelo outro. Se eu estou em um ambiente onde ninguém me enxerga, que emoção vou expressar? A emoção reconhecimento. Eu desejo ser visto, reconhecido, sair da invisibilidade e ser valorizado. E não se trata de carência, nem de vaidade ou orgulho (excesso da emoção reconhecimento), eu não me refiro a excesso, eu me refiro à essência.

O reconhecimento é uma emoção básica, todos nós a temos presente, necessidade de relevância, nem que seja para uma pessoa. E por que a emoção reconhecimento é par da emoção socialização? Ao me destacar demais, eu prejudico o meu processo de socialização.

Se eu pertenço a um grupo, mas anseio por projeção, visibilidade o tempo todo, eu atrapalho a convivência; é por isso que se trata de uma emoção complementar. Para formar um grupo mais sólido, é necessário dosar essa sede de reconhecimento de modo que haja equilíbrio entre fazer parte do grupo e ser reconhecido, socializar e ser reconhecido. De outro modo, perde-se a identidade, a individualidade, e o indivíduo passa a viver apenas os interesses do grupo, os interesses da sociedade.

* * *

Nós estudamos os pares das emoções primárias, mas não imagine que a macaquinha das emoções trará emoção primária para você. Lembre-se de que a sua especialidade é misturar emoções. Ainda segundo Robert Plutchik, podemos pensar em uma mistura explosiva: ao mesclarmos a emoção repulsa à emoção confiança, teremos a submissão. A pessoa submissa é aquela que confia, mas ao mesmo tempo sente repulsa. Por isso que é difícil quebrar a submissão.

O excesso de algumas emoções, algumas vezes, é causado pela ação de outros macaquinhos. Há determinados estados de humor, de afeto, estados emocionais, que se definem como misturas de emoções. Por vezes, ocorre uma fusão em nosso cérebro, composta pelos macaquinhos (da emoção, da memória, do ego e do pensamento). Citemos a mágoa, que consiste na mistura dos quatro macaquinhos. Antes de se tratar apenas de emoção, a mágoa é um estado de mais complexidade, porque tem memória. A pessoa magoada é aquela que rememora, insistentemente, o fato que a feriu. Ela julga: "Ah, mas isso foi errado, que coisa absurda, isso não podia ter acontecido"; há o componente do ego; há o componente do pensamento (a fixação no ocorrido), e há o componente emocional. Posteriormente, falaremos acerca dos aspectos da interação dos quatro macaquinhos.

CAPÍTULO

6

MACAQUINHO DO PENSAMENTO

Neste capítulo, nós vamos abordar o pensamento tendo em vista a meditação, mas a meditação compreendida enquanto contemplação. O processo de contemplação está presente em todas as civilizações do planeta, especialmente na grega.

Para os gregos, a harmonia e o equilíbrio precisam vir para as nossas relações. De acordo com eles, temos 4 tipos de relacionamentos, todos importantes e que precisam estar em equilíbrio.

1) Minha relação com o cosmos (ordem e beleza), com os deuses, com Deus ou com o universo que se chama religiosidade, estar ligado. A minha relação com o todo, com a ordem universal.

2) Minha relação comigo, e isso se chama subjetividade. Qual a sua relação com você? É uma relação desequilibrada? Você gosta de si mesmo em excesso, é egoísta, orgulhoso, vaidoso? Ou não tem estima por você? Tudo isso é desequilíbrio. É uma relação adoecida comigo. Eu preciso ter amor comigo.
3) Minha relação com o meu semelhante. Eu não posso viver em função do outro, mas eu também não posso viver em função exclusiva de mim mesmo. É preciso equilibrar.
4) Minha relação com a natureza; a sociedade sofre com os desequilíbrios ecológicos devido ao adoecimento de nossa relação com a natureza.

Nos últimos séculos o ser humano tornou-se tão individualista que esqueceu da relação com o cosmos, com a natureza e com seu semelhante e agora está adoecendo até a relação com ele mesmo. Os gregos ensinam que o equilíbrio nessas quatro relações é obtido por meio da contemplação. Eu preciso contemplar a mim mesmo, o meu semelhante, a natureza e o cosmos, a ordem universal.

Para os gregos a que o verbo contemplar faz alusão? A contemplação envolve olhar, observar com admiração, amor, compaixão, encantamento. Contemplar é se abrir, entrar em sintonia com a harmonia e a beleza. Imagine contemplar uma lua cheia maravilhosa no mar Mediterrâneo, um céu estrelado, ou aquele pôr do sol. É uma experiência indizível, indescritível, porque você se sente parte, ao mesmo tempo que observa.

A meditação é quando a consciência profunda, o eu interior, a própria casa mental contempla. Contemplar é o mesmo que estar receptivo à harmonia, porque eu posso chegar nervoso, estressado diante do mar e não aproveitar nada da beleza e da harmonia do mar, por não estar aberto, não estar em estado de contemplação.

No estado contemplativo a sua percepção se amplia, você adentra o estado alterado de consciência. E por que a denominação "estado alterado de consciência"? Porque sua percepção torna-se profundamente refinada, facultando-lhe perceber um milhão de vezes mais do que quando está distraído, ou exercendo muitas atividades. Na contemplação, você está totalmente presente, sua consciência está atenta a tudo, inclusive a detalhes.

Níveis do pensamento

O macaquinho do pensamento trabalha em 3 níveis: em nível superficial e visível, em nível intermediário, em nível profundo que é mais inconsciente.

NÍVEL SUPERFICIAL – São pensamentos automáticos, que circulam incessantemente em nossa mente. Às vezes, em conversa com alguém sua mente produz vários pensamentos, da mesma forma um professor que durante a aula consegue prestar atenção em tudo que ocorre na sala de aula. Figuradamente, seria como as ondas do mar, que são a parte superficial das águas, e jamais cessam. Em compensação, o estado de ansiedade, de nervosismo e estresse agitam o mar de pensamentos e trazem cansaço mental. A meditação, então, nessa perspectiva, comprova sua eficácia, porque acalma tais pensamentos devolvendo a serenidade e o equilíbrio da mente.

NÍVEL INTERMEDIÁRIO – Um pouco mais abaixo do nível superficial do mar não há mais ondas, mas sim correntes marítimas. É nesse patamar que atua o macaquinho do pensamento – momento em que as crenças, os padrões de pensamentos, regras, condições são construídos na mente. Para exemplificar, digamos que você adentrou a uma festa e não foi recepcionado pelo anfitrião. Para os seus padrões de pensamento, a atitude do anfitrião traduz-se pela infração de uma regra. Nesse caso, a regra apregoa que todo anfitrião deve receber seus convidados de modo respeitoso e delicado.

Esses são os pensamentos intermediários. Se fizermos uma pesquisa de opinião acerca do que vem a ser uma pessoa mal-educada, cada um vai estabelecer uma regra, um padrão. Em verdade, esses pensamentos são parâmetros utilizados para comparar, avaliar, julgar o mundo, as pessoas, você e os acontecimentos. Contrariamente, vamos supor que o vizinho me cumprimenta ao entrar no elevador, então, de acordo com as minhas crenças ele é educado, porque atende às regras estabelecidas de educação.

NÍVEL PROFUNDO – São crenças profundas inconscientes, aquelas que o indivíduo não tem consciência que possui. A crença "não mereço ser amado(a), não mereço ser feliz", que indivíduos que receberam certo tipo de educação alimentam é uma crença limitante e inconsciente. E todos os momentos em que a pessoa estiver feliz ou perceber que pode ser amada ela vai se autossabotar, ou insistentemente afirmar que jamais encontrará alguém com quem possa ter um relacionamento saudável.

Essas crenças nucleares (presentes no inconsciente, no núcleo) geralmente estão ligadas a três grupos:

1) Amparo/desamparo – Ao mergulhar no interior de alguém você encontra crença de fragilidade, impotência, carência. É uma crença de abandono. Às vezes, ocorre o contrário, a pessoa se considera forte demais e que suporta qualquer coisa: "Minhas costas conseguem segurar qualquer peso".

2) Amor/desamor – Crença de que é indesejável, imperfeito, rejeitado, sem qualquer atrativo. Ainda assim, temos outro extremo: a pessoa pode se considerar superior, melhor que os outros, e acreditar que todos gostam dela.

3) Valor/desvalor – Há pessoas que alimentam a crença de que são incompetentes, ineficientes, inadequadas, defeituosas, fracassadas, doentes, inválidas.

A partir das crenças você cria regras (pensamentos intermediários) que vão se manifestar nos pensamentos automáticos.

Salientamos que o objetivo de abordar esses níveis de pensamento visa elucidar que pensamento não é contemplação; o pensamento funciona de forma analítica, corta em pedaços, conceitua, delimita. O pensamento cria esquemas mentais, por isso que faz parte da casa mental, por isso que o pensamento é uma faculdade da mente. O pensamento está sob a tutela da consciência, mas a consciência não é o pensamento. A consciência tem o pensamento, mas não é o pensamento. Ela não se esgota no pensamento.

No pensamento eu trabalho com modelos, com ideias e conceitos, e todo conceito, toda a ideia incide em limite. À vista disso, não existe conceito perfeito. Os conceitos e as ideias estão atrelados às crenças, à educação, ao condicionamento, aos hábitos mentais e às ideias preconcebidas. Essa é uma característica vital do pensamento, que trabalha com ideias e nenhuma ideia é a realidade. A realidade é sempre maior do que a ideia. É o mesmo que pedir a você para conceituar uma lua cheia, no mar, com o céu aberto, você ao lado de alguém querido olhando aquela lua. Como conceituar esse fragmento espaço temporal?

Conceito está relacionado com cultura. Quem vive na Alemanha, não tem as mesmas ideias que nós brasileiros. Quem vive no Rio de Janeiro tem um modo de pensar diferente de alguém que vive em Minas Gerais. Então, conceito diz respeito a ambiente geográfico que influencia nossos esquemas mentais.

Arranjo mental

Muito se tem falado sobre uma espécie de arranjo mental. Mas, afinal do que se trata? O vocábulo arranjo revela dispor, colocar em ordem. Para simplificar, vamos pensar em um arranjo de rosas composto por três rosas vermelhas, três brancas, duas rosas azuis e uma rosa roxa. Está feito um arranjo, temos um buquê maravilhoso, harmonioso. Por que é um arranjo? Porque eu poderia dispor as rosas de modo diferente, combiná-las por cor, ainda assim eu teria um arranjo esteticamente muito agradável. Cada combinação dessa é um arranjo, porque eu montei, eu combinei. Em relação ao pensamento, seguimos a mesma lógica. Com o pensamento eu combino ideias, eu combino conceitos e preconceitos. Estamos nos referindo aos esquemas mentais, em inglês *mindset* – arranjo, esquema da mente, como a mente funciona.

Ao contemplarmos nossa mente, nossos esquemas mentais, as ideias, conceitos e preconceitos, apuramos que existe um padrão. Esse era o meu objetivo inicial ao abordar o macaquinho dos pensamentos.

Os pensamentos, de modo similar às combinações de emoções, também se misturam; os conceitos igualmente se ajustam formando complexos maiores, produzindo também padrões que serão nesta oportunidade analisados, sem nos atermos à comparação, à condenação. Nosso objetivo não é fazer uma avaliação moralista, mas assimilar, de modo a identificar tais padrões em nós próprios.

Aprendemos que o macaquinho do pensamento produz crenças. Então, eu tenho crenças irracionais, é importante não confundir pensamento com racionalidade; o pensamento pode ser irracional, por exemplo, avaliar uma pessoa pela cor da pele. É absolutamente sem sentido, absolutamente irracional. Eu posso julgar, avaliar uma pessoa, seu caráter, comportamento, sentimentos com base na cor da pele? É o preconceito.

Eu posso ter uma ideia e acreditar que seja correta, contudo, totalmente irracional. Irracional no sentido de não corresponder à verdade. Foi uma ideia, um conceito adquirido, fruto de condicionamento social, histórico, sem correlação com a realidade. É importante estarmos atentos a essa questão.

Uma crença irracional é uma demanda que eu faço a mim e aos outros. Diz respeito à rigidez, autossabotagem, além de não ter relação com qualquer base da realidade. A crença irracional coíbe nossa habilidade de lidar com a realidade, com a vida, e de lidar com um elemento fundamental da evolução que é adaptabilidade ao ambiente, adaptabilidade à realidade, um aspecto que torna o pensamento disfuncional.

Simplificando: é uma inversão do processo. Vamos supor que eu tenha uma ideia, um conceito e deseje que a realidade se curve a ela, que o mundo se adapte a ela. Esse tipo de pensamento me torna rígido, pouco adaptável; eu me torno disfuncional, revoltado, egocêntrico, alienado porque não consigo viver com fluência, e, o mundo não vai se adequar às minhas expectativas.

E o que ocorre com o esquema mental? Ele cega. Você deixa de enxergar para controlar a vida alheia: "Você não pode fazer isso, eu não quero que você faça aquilo". É a crença irracional que hipnotiza as pessoas e as impede de ver a realidade; essa disfuncionalidade conduz ao afastamento da realidade e à criação própria de um universo de criação do pensamento.

Quando eu pratico a meditação profunda, aprendo a contemplar meus pensamentos e a entender esses padrões mentais. E ao entendê-los, eu converto, paulatinamente, minhas crenças irracionais em crenças racionais – mais flexíveis e mais saudáveis. Por conseguinte, de posse de mais adaptabilidade ao ambiente e às situações, consigo trabalhar com as dificuldades, enfrentar os desafios da vida. Dessa maneira, eu me torno apto a alcançar os meus objetivos.

Rótulos

É importante entender que há um aspecto dessa rigidez do pensamento, dessa rigidez da ideia que é a rotulação. Eu posso rotular a mim e posso rotular o outro. Há pessoas que dizem: "Eu sou estúpido, eu sou burro mesmo", ou: "Fulano é um estúpido". Nos dois exemplos, há rotulação, colocação de etiqueta. E qual é o problema de rotular, de etiquetar?

Vamos supor que você tire uma fotografia de uma pessoa e guarde por 10 anos. Nesse período, você vive uma experiência com essa pessoa, que pode ser positiva ou negativa. Porém, o tempo passou, e a pessoa mudou, não é mais a pessoa da foto. Esse é o problema de se rotular. Em outra ilustração, você afirma ter muita dificuldade em entender matemática, mas se fizer Kumon, se estiver realmente disposto a estudar, em 10 anos você terá superado total, ou parcialmente seus problemas em relação à matemática. À vista disso, o rótulo anteriormente imposto não valerá mais.

A flexibilidade de pensamento é imprescindível para se viver em paz, para garantir relacionamento social saudável. Por essa razão, é preciso duvidar sempre de rótulos. Verifica-se a rotulação em crenças absolutas e inflexíveis, em pensamentos engessados que nos fazem perder a adaptabilidade. Muita atenção aos rótulos que impomos a nós e aos outros, às etiquetas que nos foram adesivadas quando éramos crianças e que carregamos até hoje. Quem colocou isso em mim? Quero transformar, eu vou me reinventar. Aprender a extrair os rótulos traz leveza.

Há outro fator igualmente importante: rotular é uma ação que traz certo conforto, bem-estar e comodidade às pessoas que o fazem. Todavia, não se pergunta ao sujeito estigmatizado, julgado, se ele está realmente confortável com o rótulo imposto.

Assim, na meditação, é fundamental observar nossos pensamentos e considerar que existem rótulos. Que tipo de rótulo endereçamos às pessoas que convivem conosco; o que vale para a autorregulação e para aqueles que permitimos nos classifiquem. Essa é uma reflexão profunda que merece relevância.

A casa mental, em muitos de nós, pode ser considerada uma casa sem regras, nem disciplina, em que pensamentos e emoções adentram, sem serem percebidos. Por vezes, o indivíduo não distingue propriamente se o pensamento é dele ou não, o que resulta em confusão mental.

O macaquinho do pensamento funciona com demandas e uma de suas bases de atuação incidem nas afirmações dogmáticas: "Eu tenho que... Eu devo... Eu preciso fazer isso". No entanto, a partir do momento que tais afirmações fogem ao padrão de normalidade, o agente começa a perder a alegria da ação para se tornar uma pessoa rígida.

O próximo passo é a autossabotagem por meio da criação de esquemas que resultem em fracasso, porque nós preferimos falhar a mudar de ideia: "Ah, eu sou muito horrível, eu não sirvo para nada". O indivíduo alimenta essa ideia, então para não mudar de estratégia opta por fazer tudo errado, até fracassar, apenas para provar que tinha razão. Segundo Einstein: "É mais fácil você dividir um átomo do que fazer um ser humano mudar de ideia."

Portanto, é notória a versatilidade do macaquinho do pensamento. Ele possui certa peculiaridade muito interessante. Imagine uma situação. Você vai ao dentista que abre seu dente para cuidar e restaurar. Ao passar a língua pelo local, a impressão que surge é de que aquele orifício se assemelha a uma cratera imensa, contudo é algo muito pequeno. De forma semelhante nós temos a tendência a tornar tudo apavorante, tudo assume proporções que não condizem com a realidade. É a particularidade do macaquinho do pensamento, distorcer a gravidade das situações. Mas, por que isso acontece? Porque o pensamento tem o tamanho que você quiser, a realidade é que é limitada.

O rótulo quarentena, por exemplo, desencadeou vários pensamentos: o de que o coronavírus é altamente letal e vai dizimar 8 bilhões de pessoas; o planeta ficará desabitado, e apenas as baratas sobreviverão etc. Os grupos sociais, por sua vez, ao se depararem com certas situações, similares às anteriormente descritas, automaticamente criam padrões (padrão do terrível, padrão do horripilante, padrão da tragédia).

É um comportamento que diz respeito à atuação do macaquinho do pensamento na mente do indivíduo, de forma a dominá-lo. Assim, a rotulagem, a crença limitante gera muita ansiedade, pois o indivíduo que constantemente pensa de forma negativa, esperando sempre o pior, transforma sua vida em um caos.

Outra característica marcante do macaquinho do pensamento refere-se a certas afirmações: "Eu não aguento... Eu vou morrer se acontecer isso comigo... Isso não tem jeito etc", que levam o indivíduo a considerar verdadeiras tais assertivas. Adentrar a esse padrão de pensamento significa, então, rotular, alimentar uma crença de fragilidade que atrapalha muito, porque induz o indivíduo a enterrar os seus talentos (Remeto aqui à *Parábola dos Talentos*[10] – eu vou lá e enterro o talento).

Esses padrões de pensamento nos impedem de agir, de alcançar os nossos objetivos. E há ainda um aspecto curioso, pois dependendo do conceito que se tem acerca de pessoas e coisas, o modo de se relacionar com elas muda.

Eu vou relatar um fato: Certa vez, meu bisavô e minha bisavó foram visitar um casal de amigos e trouxeram sementes de uma espécie de laranja para plantar em seu

---

10 *Mateus 25:14-30*

sítio. Sabemos que para a semente germinar não basta apenas jogá-la na terra, mas é preciso usar um enxerto, geralmente um pé de uma planta mais forte, resistente à praga. No caso do plantio de meu bisavô, ele decidiu usar, como base da laranjeira, uma muda de limão bravo. Após cinco ou seis anos, naturalmente nasceu um pé de limão bravo. E meu bisavô, então, se sentava à sombra do limoeiro e saboreava o limão bravo afirmando, categoricamente, que se tratava de laranja. "Fui eu que plantei, é laranja".

Que lição nos deixa o meu bisavô? Que a força de uma ideia obsessiva afasta o indivíduo da realidade.

Atente-se ao seu macaquinho do pensamento, porque, às vezes, você está saboreando limão, acreditando que é laranja, pois foi você que plantou. Ainda que a vida o esteja conduzindo a outro rumo, tentando ajudá-lo a mudar de ideia, você não quer se curvar à realidade da vida, por quê? Porque o seu macaquinho do pensamento virou o gorila do pensamento, e você se tornou escravo de um esquema mental.

Nesse sentido, a meditação profunda auxilia a nos autoamar, a nos perdoar, a olhar para nós próprios com compaixão. Estou frisando bastante esse aspecto porque um dos elementos da meditação é o desenvolvimento da compaixão, sem a qual não conseguimos olhar para esses rótulos, para as pessoas que, sem compaixão, nos adesivaram. A compaixão é primordial no recebimento, no acolhimento dos rótulos, para posterior transformação.

Estudamos que na meditação, eu observo sem julgar e sem comparar, ou seja, eu me aceito do jeito que sou com todo amor do mundo. Não obstante, eu vou precisar mudar, porque a prática da meditação de forma profunda amplia a percepção, a minha visão da vida, e ao ampliar a minha visão da vida, automaticamente, a mudança se instaura dentro de mim.

Trata-se de um movimento harmonioso, eu acolho aquele rótulo: "Ah, eu sempre fui chamado de lerdo, de burro". Eu vejo o rótulo, eu me dirijo para aquelas memórias, para aqueles pensamentos ligados àquele pressuposto, eu acolho, eu aceito, mas eu sei que isso vai mudar, porque nenhum ser humano se resume a um estereótipo. Rótulos são atalhos, vieses do pensamento. Nós usamos atalhos para alcançar o mundo e as pessoas, às vezes, eles funcionam, mas não por muito tempo.

Hoje é comum nos depararmos com pessoas com duas profissões, que começaram em uma carreira e depois migraram para outra, ou pessoas que têm uma profissão, e, paralelamente, exercem diversas atividades. Há engenheiro apaixonado por gastronomia; professor que gosta de mergulhar, de andar de bicicleta; professora de matemática que ama Yoga etc. Então, nós rotulamos: "Isso aí é a pessoa que mexe com Yoga". No entanto, a pessoa é formada em física, em matemática. Os rótulos podem até ser vieses, uma vez que facilitam o raciocínio, porque trabalham com estatísticas, porém enganam, principalmente devido à atual flexibilidade das pessoas.

Ao meditar profundamente, você aprende que rótulos são limitações; que não pode se definir nem permitir ser definido por eles. Lembre-se: você é um espírito imortal eterno com infinitas possibilidades. Na meditação profunda, você olha para seus pensamentos e vê a potencialidade de cada um. Você pretende continuar a alimentar tal ideia fixa? Essa é uma característica do macaquinho do pensamento: "Ah, mas se eu passei a vida inteira ouvindo?" O momento de mudar é agora. Pare de olhar para o retrovisor, concentre-se no agora, acesse o potencial infinito de sua consciência imortal e mude, porque você é um ser de capacidade infinita.

Mude agora! Ou você vai viver de passado? Vai permitir que a macaquinha da memória anestesie sua consciência e mate seu presente e seu futuro?

Essa é a função da meditação, conduzi-lo para o interior de sua casa mental, acordar sua consciência, o seu eu verdadeiro e profundo, a fonte de toda cocriação que existe dentro de si, os seus talentos infinitos.

Conceito

Definição de conceito: consiste em uma ferramenta do pensamento para lidar com a realidade, no entanto, a realidade é muito maior do que o nosso conceito. Nesse aspecto, conceito consiste em certo rótulo que endereçamos ao outro.

O pensamento, o conceito são interpretações que eu faço da realidade, isso é muito peculiar, porque se eu sentar ao lado de uma pessoa que borda ou faz crochê, por exemplo, eu vou olhar para os pontos do trabalho, para a técnica utilizada na confecção da peça sem entender exatamente. Apesar de leigo no assunto, eu posso emitir um conceito, embora não corresponda à realidade.

A realidade não cabe dentro de seu pensamento, daquilo que você conceituou. Quanto mais entende de algo, mais distinções, mais nomes, mais conceitos você tem para aquilo. Esse é o retrato do macaquinho do pensamento, que lida com os conceitos.

Entender que os pensamentos são definições, conceitos, relações, interações entre conceitos que ajudam a lidar com a realidade, mas não para substituí-la, é primordial. A questão é que lidamos com o pensamento quando não estamos conscientes, como se ele fosse a realidade. É por isso que na meditação a consciência não deve interagir e interferir no macaquinho do pensamento, porque a consciência percebe a realidade como um todo, enquanto o macaquinho do pensamento trabalha com conceitos, ele divide, ele coloca tudo nos devidos lugares.

É importante atentar para o macaquinho do pensamento, pois ele acerta muitas vezes, mas se engana tantas outras. Você pode ficar sugestionável, aceitar um conceito, uma ideia distorcida, que não condiz com a realidade, que acaba se transformando em ilusão. Trata-se de um quadro bastante frequente: em política, em religião, no âmbito do futebol; o indivíduo enxerga a realidade de determinado ângulo e ouve somente aquilo que lhe convém.

São os pensamentos disfuncionais que aprisionam, que inibem adaptabilidade à realidade do indivíduo. Diz respeito às características do macaquinho do pensamento: ele é sugestionável, distorce, tem viés e comete equívocos. É fundamental entendermos o funcionamento de nosso pensamento, de nosso macaquinho do pensamento para evitar cairmos em suas armadilhas.

Em sua prática de meditação, olhe para seus pensamentos e entenda que existem conceitos, crenças, hábitos, conteúdos que você aprendeu e que moldam sua maneira de ver o mundo e as pessoas. É essencial focar esse aspecto. Na meditação, ao conferir meus pensamentos, do modo que aprendemos aqui neste estudo, sem julgar, sem comparar, mas com compaixão e com amor, sem interferir, nem interagir, eu passo a divisar os padrões de meu pensamento, seu funcionamento e quais são minhas crenças.

Para concluir este capítulo eu gostaria de propor uma reflexão a respeito de crenças. Quais são nossas crenças sobre dinheiro? Acerca de felicidade? Quais são nossas crenças acerca de homem, mulher, cidade, campo? Observe esses padrões, essas crenças. Por quê? Embora elas sejam úteis ou tenham sido úteis em algum momento de sua vida, podem não estar mais lhe ajudando. Hoje, elas podem aludir a um peso que está travando toda sua vida, impedindo-lhe de dar um passo adiante, porque mudar, aperfeiçoar, ampliar a percepção fazem parte da vida.

As crenças determinam o modo que você lida com certo aspecto de sua vida e condiciona sua ação.

CAPÍTULO
7

MACAQUINHO DO EGO

Ele é o comandante da casa mental, o líder dos demais macaquinhos. Ele é muito importante, e nós vamos estudá-lo por meio de algumas abordagens.

O nosso ego tem o controle quase que total da parte motora e sensorial de nosso corpo, o giro pré-central, o giro pós-central, ou seja, a área motora e a área sensorial. Ele que controla o tronco encefálico, o cerebelo, o sistema vestibular que confere equilíbrio aos movimentos.

Ao iniciar a meditação, o corpo que estava viciado no barulho, no movimento, na ansiedade passa a reagir. Dor de cabeça, sono, falta de concentração, coceira, labirintite, dores pelo corpo são reações normais; o corpo estranha e oferece resistência.

A nossa mente é arrogante, orgulhosa, vaidosa. E por essa razão ela começa a afetar o corpo. A falta de serenidade cria ambiente propício ao surgimento de várias doenças: síndrome do intestino irritado, alergias, níveis distintos de depressão, transtornos de ansiedade, transtornos compulsivos, compulsão alimentar, sexual, por compras, enxaqueca, insônia, travamento muscular, torcicolo, bruxismo. O que fazer?

Existe a neuroplasticidade do cérebro, ou seja, tudo o que se faz em repetição é facilitado pelo cérebro, torna-se mais fácil. Simbolicamente, é como abrir um caminho em uma floresta fechada. Nesse caso, é um caminho neuronal, um circuito no cérebro. Com base nessa ilustração, é possível criar novo caminho quando o ritmo de vida que propusemos seguir foge às nossas expectativas. Eleger atividades prazerosas e perseverar para desacelerar, desintoxicar, de modo a educar a mente e levar serenidade ao corpo físico é uma opção.

Você é o construtor do sentido de sua vida e da alegria de viver.

Não desista! Com a prática, você, gradativamente, estabelece conexões, conquistando alegria e paz interior. Ademais, é altamente recomendada principalmente para quem mora sozinho – tanto homens quanto mulheres – que sentem, às vezes, solidão. A meditação, nesse sentido, é bastante benéfica, pois após certo tempo de prática, você passa a se sentir conectado com seres humanos e com a natureza. Porém, não se trata de vínculo físico. Por meio de seu pensamento, de seu sentimento, você alcança uma pessoa e volta. E se for alguém sensível, vai sentir esse envolvimento. Lembrando que nossa abordagem não se refere a algo transcendental, estamos falando de pessoas que você conhece, visita.

A meditação contribui para a expansão da percepção e permite entrar em sintonia, é como se a pessoa estivesse fisicamente à sua frente. Portanto, com o benefício da conexão, a ideia de solidão se dissipa, pois estar fisicamente sozinho não assegura estar sozinho de fato. E não se trata de transcendência, apenas de ampliação da percepção em nível elevado.

E retomando a questão fisiológica do macaquinho do ego, vou fazer breve introdução antes de abordarmos as características do ego. Eu, Haroldo Dutra Dias, nascido em 1971, no norte de Minas, em Jequitinhonha, registrado na cidade de Belo Horizonte, possuo cabelos e olhos castanhos. Mas será que eu sou o Haroldo ou eu estou Haroldo? De acordo com a minha programação espiritual, eu nasci no dia 20 de setembro e certamente vou desencarnar em uma data específica. O que vale dizer que eu, também você, todos nós temos o bilhete da vinda e o bilhete da volta. Mas, como funciona nosso corpo físico?

Nós temos um encéfalo, um sistema nervoso central, onde tudo é processado. Nós temos sensores táteis, espalhados no corpo inteiro, em todos os músculos, na pele etc. Essas células captam estímulos mecânicos; elas estão ligadas a neurônios que transformam estímulos mecânicos em eletricidade, impulso elétrico, variação elétrica, cujo destino é a medula espinal. Com essa explicação, eu quero destacar que no interior de nossa cabeça há somente eletricidade. Em nosso cérebro não há estímulo mecânico, apenas polarização, íons, bomba de sódio-potássio. Logo, equivale a dizer que nosso cérebro é um lugar escuro, sem cheiro, sabor, ou som, onde os neurônios estão reunidos, e há somente eletricidade. Exemplificando: caso eu golpeie minha mão, os sensores captam esse movimento mecânico e o transformam em impulso elétrico e enviam para a medula, então vêm o tronco encefálico, núcleos da base que controlam o nosso equilíbrio, o nosso movimento.

Trata-se do sistema aferente, que manda toda informação para o sistema nervoso central, e por sua vez o sistema eferente envia uma resposta. O impulso elétrico vai até o músculo e dá uma informação, então o músculo contrai ou relaxa. Tudo na esfera da eletricidade. Esse mecanismo ocorre a cerca de 15 a 25 milésimos de segundo.

Como nasce o ego? Foi assim: o óvulo de sua mãe foi fecundado, e esse organismo através do qual você se manifesta e percebe o mundo e as demais pessoas começou a se formar. E com a formação de seu organismo físico nasceu o seu ego; nasceu o Haroldo Dutra Dias e nasceu você. É o que você está agora, é sua personalidade atual. Sua personalidade atual tem um corpo, uma etnia, uma cultura, um idioma, tem uma família e um ambiente.

Talvez 95% das pessoas no mundo tenham absoluta convicção de que elas são o ego. O que eu estou tentando dizer? O ego não é um conceito, ele é palpável, é material, ele é todo seu corpo, toda sua história, desde o momento da fecundação até agora. E por estar ancorado no corpo físico e ser fisiológico, o ego tem características.

Essa é a introdução que eu queria fazer de modo a deixar uma impressão romantizada, etérea de ego. Ao falarmos em ego muitas pessoas acreditam que se trata de um conceito, mas não é. Nós temos no lobo parietal uma área denominada córtex ou giro pré central que é uma parte motora, e cada pequena fração comanda uma parte do corpo. Se você sofrer, por exemplo, um pequeno AVC, uma lesão e afetar a região que comanda seu braço direito, você perde o movimento de seu braço.

O mesmo ocorre quando você sente movimentos involuntários no intestino, uma dor de barriga, é o macaquinho do ego exercendo sua forte influência. Então, não categorize o ego de algo abstrato. O comando de quase a totalidade do corpo físico é atribuição do macaquinho do ego.

O início do ego

Vários psicólogos de diversas linhas psicológicas, até mesmo a psicanalítica, falam bastante a esse respeito.

Vamos voltar ao fator fecundação. Em seus primeiros dias de vida você não tem o corpo devidamente formado. Incontestavelmente, no útero há uma sementinha do ser humano que você será; no zigoto há toda a potencialidade, todo o código genético. Imagine o feto totalmente formado, respirando e se alimentando pelo intermédio da mãe. Nessa experiência, acreditamos que a mãe somos nós, pois ainda não temos a experiência de separação, eu e o mundo. Então, estagiamos nessa experiência mágica, plena, de conexão.

Eu experimento que a mãe é uma extensão de mim, e considerando que a mãe é o mundo para mim, logo o mundo é uma extensão, sem divisão. Mas, chega o momento do parto, momento de deixar aquele ambiente agradável, ideal. No novo ambiente, você vai precisar de uma temperatura interna adequada para o funcionamento de seu organismo; você vai ter de respirar por conta própria, formar uma microbiota intestinal, desenvolver seu sistema imunológico, digerir o seu próprio alimento, desenvolver seu corpo, suas sinapses, seu encéfalo, tudo. Isso é o ego. O ambiente é uma coisa, você é outra; você é uma pessoa, sua mãe é outra; a respiração e a temperatura de sua mãe não são mais a sua. Desse modo, você é um ego.

Então, a primeira característica do ego é a percepção de separação; o que está fora da pele não sou eu, o que está para dentro da pele sou eu.

A experiência do ego começa com dor, medo, desamparo, frio, fragilidade. O ego gera a experiência da solidão. Se eu não percebo a conexão, se não tenho outro ser físico ao meu lado, eu me sinto sozinho(a).

Partindo do pressuposto de que a experiência do ego é a experiência de estar separado, ele começa a comparar. Não há problema em comparar, desde que o macaquinho do ego não anestesie, não adormeça a consciência, que é o eu profundo, e o indivíduo passa a viver uma experiência do ego.

Memorize, então, a palavra Comparação e lembre-se que ao comparar, viverá uma experiência do macaquinho do ego, não uma experiência do eu profundo, porque o eu profundo não se compara a quem quer que seja, porque ele vive a experiência da comunhão, da conexão plena com o cosmos e com a natureza.

A experiência da comunhão é uma experiência da consciência, a do ego uma experiência da separação, da delimitação. E como eu posso mensurar? Medir é comparar, pesar é comparar. Ao dizer "1 kg de arroz" eu estou comparando aquela quantidade de grãos a um padrão de medida que é o quilograma. Ao me referir a distância entre duas cidades, eu estou calculando a longitude por meio de um padrão de medida que é o quilômetro. Logo, pesar, medir tamanho, distância são operações características do macaquinho do ego, de seu mundo de experiências.

A experiência do ego é a comparação permanente, que leva a outra experiência do ego à criação de padrões de preferência (gostar ou não de café, comer ou não vegetais etc.). O ego tem preferências estéticas, preferências éticas, preferências culturais. Você visita o Nordeste, e a cultura local elegeu o cuscuz para o café da manhã; em Minas é o pão de queijo, o cafezinho; na região Sul são aqueles cafés coloniais extraordinários; existe a variedade, a diferença.

O julgamento consiste em outra experiência relevante do ego. A questão a considerar é que na maioria das vezes ele é puramente subjetivo. Ilustrando: é possível comparar pinhão com pão de queijo? Isso é uma preferência, um gosto. É possível comparar açaí com pequi? Qual o sentido de tal comparação? Temos o hábito de criar padrões e passamos a julgar; é nesse momento que começam os embaraços, porque há julgamentos de predominância cultural, outros de predominância social; há julgamentos referentes ao modo que o indivíduo foi educado e tantos outros.

A experiência do ego denota sempre uma experiência de separação, de solidão, de desconexão. Eu e o outro, ou então, são eles e nós. A experiência do ego é também uma experiência de se sentir desvalorizado, dado que constantemente ele se compara a outro ego. E seguindo a comparação vem o julgamento, frequentemente moralista, figurado pelo desejo de impor ao outro a minha maneira de pensar, os meus valores, a minha cultura.

Viver em nível do ego configura estar muito terra-terra, levar uma vida muito sensorial, de percepção limitada, e acreditar que o mundo se encaixa dentro de um universo fantasioso. Mas, não procede, porque a vida não se curva às nossas limitações, a realidade é o que é. A realidade não pergunta se ela pode ser ou não pode ser. Ela simplesmente é, quer você goste, quer você não goste.

O ego é similar a uma pequena caixa de capacidade para comportar todas as pessoas. É de seu desejo que todos se curvem às suas preferências, compartilhem de seus sentimentos, vivam de acordo com seus ideais de vida. Mas, isso não é possível. Por vezes, é desse modo que nos comportamos em um relacionamento, com os filhos, com a família. Queremos acomodar toda a família dentro de nosso ego. Essa é a lógica do ego, o egocentrismo.

O indivíduo egocêntrico acredita ser o centro do universo, e tudo deve girar em torno dele – uma postura bastante comum em nossa sociedade que estimula demais o ego. A insegurança do ego é tamanha que precisa, a todo momento, ser elogiado e admirado. Ele é uma criança.

É curioso verificar em alguns perfis de Instagram que o indivíduo vive em outro mundo, dadas as fotos admiráveis e frases de efeito para impressionar que ele posta em sua página. Hoje, as mídias sociais assemelham-se ao "Matrix". Todo mundo é sábio, inteligente, tem algo a ensinar, tem algo a dizer, tudo é perfeito. Nesse modelo, a pessoa entra em certos perfis e constata: "Tem alguma coisa errada comigo porque eu..."

Esse é o mundo do ego, simbolicamente, é uma tela de descanso que as pessoas acessam apenas para comparar, julgar, criar padrões e sofrer. O indivíduo egocêntrico é caracterizado pela carência, pela necessidade de ser admirado, receber curtida e ganhar notoriedade.

Recapitulando, em sua casa mental existem quatro macaquinhos: as macaquinhas da memória e a das emoções, os macaquinhos do pensamento e o do ego que habitam seu universo particular, mas não resumem quem você é. Para tanto existe a consciência, seu eu profundo, que é muito maior do que os quatro macaquinhos juntos.

Para concluir nossa reflexão a respeito do ego, eu proponho: em que sentido a prática de meditação contribui? Ela pode nos separar do macaquinho do ego? Não, porque precisamos dele. Por isso, a importância de amá-lo com compaixão, sem julgamento ou comparação, salientando que a consciência não despreza, nem julga o macaquinho do ego. É dessa forma que ela percebe que não é o ego.

Pela meditação, ao observar o meu macaquinho do ego, eu começo a ampliar a minha percepção e a perceber que eu não sou apenas isso. Eu passo a ter experiências de consciência que diferem das experiências da maioria dos seres que estão neste mundo que as têm somente no âmbito das emoções, da memória, do pensamento e do ego. Eles não possuem outras vivências mais amplas, mais profundas, a não ser as circunscritas ao ego.

Na meditação profunda, eu respeito, eu acolho as memórias, os pensamentos e ideias, o ego com compaixão e amor, entretanto, eu me permito experienciar de forma mais ampla e transcendente que gradualmente me torna mais forte e sereno. Eu aprendo a lidar melhor com as variações de emoção, com as variações de pensamento e de memória e com o meu ego. Resultado: eu não me confundo, porque sei que não sou apenas o ego.

No próximo capítulo, vamos trabalhar a interação dos quatro macaquinhos.

CAPÍTULO

8

A INTERAÇÃO
DOS MACAQUINHOS

Anteriormente, nós comentamos que os macaquinhos interagem, criam movimento gigantesco em nossa casa mental. Falamos da interação entre a macaquinha das emoções e a macaquinha da memória, falamos que nossa memória possui uma maneira muito peculiar de funcionar, pois grava com mais intensidade e por tempo prolongado aquela experiência associada à dor, ou seja, toda experiência que acarreta sofrimento, adversidade nós fixamos bem mais. Essa movimentação psíquica acusa evolução, pois graças a ele nós pudemos sobreviver aos desafios da natureza e nos tornarmos seres humanos.

Ao considerarmos a funcionalidade da memória é preciso estar atento a essa característica. Comumente, destacamos em nossa memória as atribulações em detrimento dos momentos prazerosos, e ainda deixamos de lado o que está no meio-termo por se tratar de algo irrelevante, o que não provoca dor, nem prazer muito intenso; a memória não vai ocupar espaço com experiências comuns: semana passada, quarta-feira, na parte da tarde, que horas que você tomou água? Que finalidade tem a memória em armazenar tal informação?

Portanto, deixo aqui uma sugestão preciosa: ao se dispuser a aprender acerca de algum assunto, procure cercar-se de coisas que lhe tragam prazer, faça o aprendizado ficar gostoso e prazeroso, para memorizar. É por essa razão que nós rimos ao falar de macaquinho, porque traz diversão, é lúdico, e todo mundo grava o conteúdo.

Estudamos que a emoção, algo que foi percebido enquanto dor ou prazer, favorece a memória no sentido de fixar a experiência. Mas de que modo a memória sustenta a emoção? Tomemos de exemplo a emoção medo que para se fazer presente requer uma situação de perigo, uma ameaça no ambiente.

Para compreendermos de que modo identificar algo no ambiente e o interpretar enquanto perigo, vamos tomar como modelo um gato. Ao sentir cheiro de cachorro, o cérebro do felino recebe a informação, compara com o banco de memória referente ao olfato e reconhece o perigo. Esse registro está na memória do animal e na memória genética da espécie, é a herança evolutiva.

O próximo passo da ação cabe ao sistema límbico, ou cérebro primário, que dispara a emoção medo que libera hormônios, neurotransmissores que adequam o corpo, muito rapidamente, para o enfrentamento ou para a fuga. Retomando o modelo acima: o felino sentiu o cheiro que foi percebido, processado no encéfalo, comparado com o banco de memória – esse é o processamento, o reconhecimento da informação – que ao ser comparada e identificada leva à ação. Compreendeu por que a emoção depende da memória adquirida e da memória herdada da espécie?

O perigo, no que concerne ao ser humano, não engloba somente uma situação de prejuízo, risco de morte, ou algo que possa afetar a integridade corporal. O perigo pode estar relacionado a uma situação definida como atribulação emocional e que pode ser fruto de um conjunto de conceitos, padrões eleitos por certo indivíduo. Em uma circunstância que retrata uma bênção, por exemplo (uma dificuldade que vai me tornar uma pessoa muito mais forte, interiormente mais bela, iluminada), de acordo com a minha leitura pode ser classificada de condição ameaçadora.

É fundamental mudar o olhar, reinterpretar os estímulos externos e internos a fim de não afinar com o padrão trazido pela dualidade macaquinha da emoção/macaquinha da memória. Caso contrário, pensamentos de pouco apreço pela vida tomam grandes proporções; é quando o indivíduo acredita que ao colocar fim à vida vai resolver o problema, o que é um equívoco, porque a vida não cessa, apenas o corpo é que morre. O importante é acolher nossas dores, observá-las com compaixão e afeto, sem julgar, nem comparar, pois o propósito é aprender a ressignificar os estímulos que geraram a dor.

Há pessoas que relatam certas experiências de infância, a partir das quais desenvolveram medo. Vamos supor uma situação: uma criança que vivenciou a experiência de ficar presa no elevador, hoje, adulta, não entra em elevador, pois para ela o elevador constitui um perigo. Objetivamente falando, o elevador não apresenta risco, tampouco o avião etc, mas por ter sido aquela experiência de infância dolorosa, a memória disparou uma emoção.

Na época do ocorrido, a criança, ao expressar medo, criou um circuito de memória e emoção que se traduz na conexão da macaquinha da memória com a macaquinha da emoção, cujo resultado podemos assim definir: toda vez que a pessoa se depara com um elevador, ela aciona aquele padrão (lembrança da experiência anterior no elevador) e manifesta a emoção medo. Nesse recorte hipotético, há risco de morte? A pessoa atemorizada coloca em pauta sua saúde física, seu bem-estar? Não, contudo se trata de um circuito de medo.

O circuito repetitivo de memória e emoção segue o mesmo padrão quanto às relações afetivas, relações humanas. A regra consiste no armazenamento de experiências, preferencialmente as que nos trazem mais dor que prazer, responsáveis por disparar as emoções medo, raiva, ansiedade, tristeza. Em movimento retilíneo, a macaquinha da memória ativa tais emoções e promove uma ação cadenciada alternada ora pela memória, ora pela emoção. Contudo, por circuito repetitivo entende-se que há uma origem. E se há uma origem, uma causa, por que não pode ser desfeita?

Decepções de relacionamento, profissionais, decepções com a família são fatores que desencadeiam circuitos repetitivos e apresentam duas vertentes: pode ser acionado com o estímulo externo, por exemplo, se eu tenho muito medo de barata e entro em uma cozinha um tanto estranha, eu deduzo pela interpretação que faço do ambiente que ali haja barata, por conseguinte, a memória da barata vai ser acionada e eu vou sentir medo.

Na segunda vertente, o gatilho que aciona o circuito repetitivo é a imaginação. Vamos tomar ainda como referência o medo de barata. Estou acomodado em minha cama e imagino que há uma barata no ambiente. Nesse momento, o circuito é automaticamente disparado, ocasionando uma reação fisiológica de medo. Como dissemos, há experiências tão dolorosas e estressantes que levam o indivíduo a desenvolver transtorno do estresse pós-traumático (experiências com os horrores da guerra). De aspecto similar é o transtorno de ansiedade responsável pela produção de situações de perigo ou ameaça, de dor ou perda que vão acontecer, não aconteceram ainda, mas a pessoa antecipa, o que resulta em estado de total estresse.

Para concluir o pensamento, ressalto a contribuição da meditação relativamente aos circuitos repetitivos. Na meditação, tudo é colocado em perspectiva. A contemplação desses circuitos repetitivos inicia-se a partir de observação sem julgamento, sem interação, nem interferência, mas de forma amorosa, com compaixão, sem se misturar.

> Sair de um ciclo vicioso incide em tomar consciência de sua existência, porém não indica controlar, mas observar.
> Deixe o circuito, limite-se a observar.

À medida que sua consciência contempla, você compreende. Porém, compreensão não é entendimento. Compreensão diz respeito à percepção superior, ampliada, ao estado alterado de consciência que reduz o circuito repetitivo. Nessa dinâmica, a força que estava no circuito volta para a fonte, que é a consciência. Uma questão de conservação de energia.

É isso que a meditação proporciona, essa volta da energia de forma natural, pois que a consciência não pode controlar os macaquinhos, pois controlar consiste em um ato de violência. Reprimir os macaquinhos significa atribuir-lhes mais vigor, energia e os elevar à categoria de gorilas; julgá-los é permitir que se transformem em King Kong. Por isso, apenas observe, sem "linkar" com eles. É de competência da consciência crescer, iluminar-se, alcançar a compreensão e recuperar a energia. E ao final da experiência, de posse da devida compreensão, você fala com propriedade: "Meu Deus, eu superei o trauma". A superação fala por si só, não há explicação. A energia vem, a consciência torna-se poderosa, e o circuito repetitivo perde em intensidade.

Pensamento e ego

Nós vamos falar sobre o quanto o macaquinho do ego e o macaquinho do pensamento afetam um ao outro.

Ao longo da vida, a educação que recebemos e as experiências que vivemos, especialmente as dolorosas, condicionam nossa mente, nossos pensamentos. Com base nas experiências vividas, a primeira expressão da mente é generalizar, ou melhor, o macaquinho do pensamento tem por característica a generalização.

Para ilustrar, o Brasil possui mais de 200 milhões de habitantes, e é impossível conviver com cada uma dessas pessoas. De maneira mais próxima, nós conseguimos conviver apenas com um grupo modesto de pessoas.

A partir dessa convivência, nós nos sentimos aptos a julgar, a generalizar o restante da população brasileira. Se você é de Minas Gerais e convive com 20 nordestinos, você abrevia, você julga os demais nordestinos pelas 20 pessoas do Nordeste, não necessariamente de modo negativo, preconceituoso, mas construindo crenças, exaltando qualidades ou peculiaridades: "Nossa, o nordestino é amoroso". Refere-se a um atalho mental porque não temos capacidade para processar tanta informação, dada a limitação de nosso cérebro.

É nesse momento que entra em cena o macaquinho do ego influenciando o macaquinho do pensamento. Vamos relembrar: qual a principal característica do ego? Seu caráter fisiológico. Todas suas características decorrem de sua intrínseca relação com o corpo físico, apesar de se considerar separado deste. O ego "morre de medo de morrer", portanto, tudo que diz respeito ao seu fim, à morte física o incomoda, porque sua característica principal é a sobrevivência e a perpetuação da espécie.

A partir desse perfil, de que forma o ego afeta o nosso pensamento? Tendo-se em conta que sente muita solidão, o ego constantemente se defende de tudo que ameaça seu físico, porém gosta do que é prazeroso e interfere nas ideias, conceitos e crenças do macaquinho do pensamento levando-o a alimentar pensamentos de comparação, de julgamento, de preconceito, de divisão, de intriga ("Estão me olhando"; "Estão me julgando"; "Aqui não me valorizam, não gostam de mim"). O ego cria um *loop* de pensamentos, crenças e padrões de atitudes, a partir dos quais surgem as crenças limitantes.

Ressaltemos que o macaquinho do ego é uma espécie de líder dos demais macaquinhos. Um ego bem-estruturado e saudável é imprescindível, é ele quem nos apruma e nos mantém um pouco discretos, um pouco sensatos. O importante é ter equilíbrio. Vamos pressupor que uma professora entre em sala de aula e se apresente aos alunos com o argumento de ser muito ignorante e sem conteúdo a acrescentar. Uma postura que não ressoa à ideia de equilíbrio. Dentro de um consenso, a professora deve estar apta a ensinar e com sua experiência conduzir, direcionar o aluno em seu desenvolvimento e aprendizagem. Nesse recorte temos um modelo de ego saudável – sem excessos, nem oscilações, mas devidamente balanceado.

Na meditação, nós aprendemos a observar sem julgar, nem comparar. Logo, aprender a examinar o ego significa entender que funciona dentro de uma lógica própria. Você está dirigindo tranquilo, sossegado, feliz da vida. O motorista ao lado lhe dá uma cortada, abre a janela do carro e ainda pergunta se você comprou a carteira. Para o ego, é como ser esmurrado. Ato contínuo, a raiva toma conta do cenário. Essa é a lógica do ego. Vamos relembrar que medo e raiva são as emoções prediletas do ego.

O ego apresenta dois quadros emoldurados, um é o quadro do medo e o outro o quadro da raiva. Mas, para você que pratica meditação, a atitude acertada é observar, olhar com naturalidade aquilo que está ocorrendo dentro de você. Vai sentir adrenalina, a suprarrenal vai produzir muito cortisol, você vai sentir forte estresse, o coração acelerado, a respiração ofegante. Caso opte por não observar, vai "soltar as feras", vai atropelar. Mas, acostumado a observar sem julgar, nem comparar, o seu "leão" dará aquela rosnada, mas em pouco tempo o ego se acalma, e você pensa: "Ainda bem que eu não revidei". Agir com naturalidade é a opção mais inteligente. O ego é nosso aliado, existe para nos defender, preservar nossa existência física e integridade, nosso espaço e a possibilidade de perpetuação da espécie.

Dessa forma, o funcionamento do ego segue os parâmetros normais, o não saudável é se deixar dominar completamente por ele, conferindo-lhe poder de modo a anestesiar sua consciência, exercer liderança sobre você. Ademais, o indivíduo de consciência adormecida, acostumado a uma vida sensorial, não lida apropriadamente com as fragilidades do ego: envelhecimento, debilidades da vida orgânica, pânico da morte, o que é diferente de medo natural da morte.

O ego é um princípio multifacetado: ele é melindroso; ele não aceita perder, não aceita ser contrariado, e não apenas no campo material; o ego é controlador e se recusa a estar fora do comando. Quando suas determinações não são seguidas ele aciona o macaquinho do pensamento, a macaquinha das emoções e a macaquinha da memória, e sua casa mental se transforma em uma grande confusão. Ele raciocina de acordo com a escassez – ele tem de guardar, porque vai acabar. O ego é egocêntrico, egoísta, ególatra.

Então, vem a questão: o ego pode se disfarçar de prudência? O ego se apraz com disfarces. Um indivíduo decide se tornar vegetariano porque essa decisão vai ao encontro de seu processo de espiritualização. Ele não consome mais carne, entretanto, passa a julgar quem inclui carne em sua alimentação. O próximo passo é se comparar àquele que come carne e se sentir melhor, o que indica que o ego tomou conta, ele se disfarçou de consciência.

Na esfera do disfarce, o ego pode se manifestar nas mais diversas circunstâncias. Na área religiosa, você condenar todos que não são adeptos de sua religião é um exemplo. É o ego disfarçado de pessoa espiritualizada, moralista, puritana. É uma atitude inteligente fazer boas escolhas, libertar-se dos vícios, da vaidade, do orgulho, ter sua religiosidade, mas não deixar o ego transformar o seu processo religioso e espiritual em técnica inteiramente de ego.

Competição consiste em outra faceta do ego. Se eu pudesse escolher um super-herói para retratar o ego, eu escolheria o Homem de Ferro. Ele é vaidoso, prepotente, arrogante, incrível. Uma característica interessante no Homem de Ferro é ser extremamente inteligente, articulado, competitivo. Adora experiências sensoriais, estar no holofote, impactar com frases de efeito e vencer sempre. Em nossa sociedade há milhares de exemplos de ego inflado, presunçoso – nos esportes, nas escolas, na família.

Essa é a lógica do ego. Palavras-chave para entender o ego: carência, solidão, insegurança, medo, raiva. Destacando sempre que o ego não demonstra insegurança, medo ou solidão, pois se trata de um ator, que finge ser corajoso, tranquilo, independente, enfim, o melhor.

A pessoa que vive uma experiência, puramente do ego, é aquela pautada em questões fisiológicas apenas. Contudo, é possível mudar essa perspectiva. Pela meditação profunda, nós resgatamos a nossa consciência sequestrada pelo quarteto do ego que dá as ordens, direciona, comanda. Viver uma experiência exclusivamente do ego, contudo, não significa que não se deva viver experiências do ego. Ao adoecermos, por exemplo, carecemos de cuidar do corpo, da alimentação, fazer repouso, pois nós somos homens no mundo e é indispensável viver.

Viver apenas a experiência do ego traz limitação à vida, por isso, é essencial resgatar a consciência, sem confrontar, sem tentar dominar o ego, mas por meio da observação, a fim de entender os padrões, as estratégias, as manipulações do ego. E a consciência observa com compaixão, porque o nosso ego é digno de compaixão, ele se assemelha a uma criança assustada e carente.

A consciência, em seu exercício de contemplar, angaria conhecimento sobre os padrões dos macaquinhos, e ao adquiri-lo torna-se mais forte e alcança hegemonia, liberdade, equilíbrio.

O poder da consciência não está circunscrito ao ato de dominar, mas ao ato de acolher, porque ela é o poder, não precisa controlar, pois é infinitamente maior do que o ego.

De modo similar, a consciência não objetiva coibir a emoção, a memória, tampouco o pensamento. Por isso, equivoca-se quem diz: "Eu vou meditar porque vou controlar meus pensamentos".

Despertar a consciência assemelha-se a uma ação terapêutica continuada que direciona o paciente a tomar consciência de traumas, limitações, contradições, pulsões, arquétipos, e isso é muito libertador.

E a meditação nos possibilita, após compreendermos as características dos quatro macaquinhos, a entender e a enxergar a vida e a sociedade sob uma ótica totalmente adversa. Portanto, essencial se faz o despertar da consciência, a apreciação do padrão do ego e suas vertentes.

Mais um exemplo para nossa análise, dessa vez relacionado a uma passagem da trajetória de Jesus (Lucas, capítulo 8). De acordo com a História, em sua última viagem para Jerusalém, Jesus resolveu passar pela Samaria, onde judeus e samaritanos eram inimigos, o que simbolizava uma batalha acirrada de ego – comparações e julgamentos o tempo todo. E Jesus que pretendia se hospedar em Samaria delegou a João a tarefa de obter um abrigo. Mas, por mais que João insistisse não conseguia um lugar para se acolherem sob a alegação: "Aqui eu não hospedo judeu."

E João ficou nervoso, e o macaquinho do ego de João entrou em surto: "Esse povo está negando hospitalidade. Hospitalidade é uma regra aqui no Oriente, ninguém nega hospitalidade, isso é um absurdo. Se quisermos, nós podemos pedir para Deus colocar fogo, queimar todos esses samaritanos."

E Jesus, observando calmamente aquela cena, interveio: "Eu não vim para matar ninguém, eu não vim para condenar, para julgar. Eu vim para curar, eu vim para salvar". Ou melhor, Jesus veio para resgatar consciências, um gesto que diz mais do que bondade. Naquela noite, Jesus e seus seguidores dormiram ao relento, no entanto, ao chegarem em Jerusalém Jesus contou uma parábola – a *Parábola do Bom Samaritano*.

A reflexão trazida pela narrativa vem ao encontro da questão da generalização. Nem todos os samaritanos tinham uma hospedaria, por essa razão que Jesus não generalizou, não banalizou, porque ele agia não segundo o ego, mas de acordo com a consciência profunda, porque se assim fosse Ele responsabilizaria todos os samaritanos pela falta de acolhida.

Acredito que o exemplo esteja em concordância com nosso propósito de concluir esse tópico. Atentar-se à memória, às experiências, ao ego, às generalizações do macaquinho do pensamento evita incidir em grandes injustiças, em generalizações. E a consciência não faz isso.

Emoções e Pensamento

Neste tópico vou falar de um aspecto fundamental para o bom relacionamento com as pessoas – a influência da macaquinha das emoções sobre o macaquinho do pensamento. Por ser muito sedutora, essa macaquinha usa estratégias de modo a convencer o macaquinho a realizar todos os seus desejos. E como é que nós percebemos esse viés em nós e nos outros? A partir do momento que os pensamentos se apresentam confusos, sem muita lógica. Mas, ao observar sem julgar e sem comparar, podemos perceber que por trás daquela ideia, daquele pensamento há a macaquinha das emoções dominando a situação.

Então, você está em uma reunião de trabalho, e o grupo começa a discutir acerca das etapas de determinado projeto. E, à medida que a reunião progride, você observa que há certa pessoa que está sempre na contramão das ideias do grupo. Articulada, cada hora ela apresenta novo obstáculo, ou dificuldade, e você que está atento àquela articulação conclui: negatividade, pessimismo. O que a princípio era observação tornou-se julgamento. E ao julgar, você "pluga" com a pessoa.

Restrito à observação, você capta o mecanismo de sedução da macaquinha da emoção sobre o macaquinho do pensamento da pessoa e entende que toda sua argumentação está alicerçada na falta de lógica, pois aquilo é pura emoção (emoção do medo, ou emoção da raiva, ou emoção da inveja, do desânimo, da acomodação).

Nas relações ocorre a mesma situação. Certos casais passam horas discutindo a relação, defendendo cada um o seu ponto de vista, justificando. Muitas vezes, tudo não passa de um jogo de sedução para esconder as verdadeiras emoções que ambos estão sentindo.

E de que forma você detecta essa manobra da macaquinha das emoções? Praticando meditação. A meditação lhe capacita a observar e a perceber a astúcia da sua macaquinha das emoções. Ao seduzir o seu macaquinho dos pensamentos, este se transforma em um orador animado, que gesticula e fala muito, porque está seduzido. Então, você constata: "Meu Deus, eu estou com ciúme... Eu estou triste... Eu estou com raiva... Eu estou com medo". Nesse momento, você reconhece, enxerga o padrão – a sedução da macaquinha das emoções sobre o macaquinho do pensamento. Todavia, considerando a sua flexibilidade, ela também seduz o macaquinho do ego, e nesse momento "a casa mental pega fogo".

Em virtude das peculiaridades do ego de arrogância, carência, suscetibilidade ele é facilmente manipulado pela emoção. Por isso, a importância de adquirirmos vocabulário emocional. Trata-se daquelas situações em que você faz "papel de bobo", porque não consegue assimilar o que a pessoa diz, pois ela fala uma coisa, mas sente outra, porque a emoção está no comando.

A macaquinha da emoção, igualmente, enreda a macaquinha da memória em sua trama. E de que forma ocorre tal manipulação? Tomemos certo fato, e toda vez que você lembrar daquele acontecimento, vai alterar, acrescentar um ponto.

Essas macaquinhas são muito ardilosas, e se você não nivelar a esse patamar das emoções, não vai entender que emoções estão realmente em jogo. É por isso que a prática da meditação é salutar, porque assegura entender o padrão de sedução de sua macaquinha das emoções. A que emoções ela recorre para manipular os dois macaquinhos – o do pensamento e o do ego? É importante sempre considerar que a macaquinha das emoções é personalizada, não existe compatibilidade entre a sua e a minha macaquinha, pela razão de a minha casa mental ser diferente da sua. Em vista disso, há importância de observar a fim de apurar os fatores determinantes de atuação de sua macaquinha.

Compreender essa dinâmica ajuda muito na busca de autoconhecimento, pois muitos não conseguem lidar com as emoções, identificar as prioridades de sua vida.

Para completar, vamos abordar as estratégias, os estratagemas da macaquinha da memória e explicar de que forma ela "mexe com o ego", importuna o pensamento. De personalidade arredia, a macaquinha da memória carrega o estigma da teimosia, da insistência, da prevalência. Semelhante aos demais macaquinhos, ela é articuladora, inteligente e muito sagaz.

Em discussão anterior, expusemos que a função da macaquinha da memória é registrar, é colecionar experiências, preferencialmente, experiências dolorosas. Em seu baú, ela também acumula experiências prazerosas. Mas, as experiências comuns, aquelas que não resultaram nem muita dor, nem muito prazer não são guardadas. O que equivale dizer que a macaquinha da memória é seletiva, ela não registra tudo o que aconteceu, exatamente como aconteceu, ela registra apenas o que lhe convém. E de posse desse conteúdo, ela passa a persuadir os demais macaquinhos (pensamento, ego, emoções).

A fim de trazer mais clareza à explicação, vamos imaginar que você trabalhou em uma construtora por dois anos, cujo ambiente não o agradava muito. Nos registros de sua macaquinha da memória há a localização da empresa, o ano em que você assinou seu contrato de trabalho e alguns acontecimentos desagradáveis que estão bem armazenados. Então, sua macaquinha da memória abre o baú: "Nossa, havia uma pessoa lá na empresa que não me cumprimentava. Meu chefe foi grosseiro comigo 4 vezes". Por sua vez, a macaquinha da emoção, que se compraz em manipular, entra em ação: "Nossa, que raiva que deu naquele dia! Tive vontade de virar as costas e não voltar nunca mais para aquele lugar".

Nesse momento, a macaquinha das emoções já foi manipulada. E como parte do movimento, a macaquinha da memória aciona o macaquinho do ego: "Você lembra o que fizeram com você naquela construtora?" Em resposta, o macaquinho do ego retruca: "É por isso que eu nunca mais vou deixar isso acontecer comigo. Hoje ninguém faz mais isso comigo". São as estratégias que o macaquinho do ego, uma vez seduzido, começa a elaborar em relação ao seu emprego atual, com base nas memórias que a macaquinha guardou. Para completar o ciclo, o macaquinho do pensamento começa a generalizar: "Com todo mundo que trabalha em construtora acontece isso..."

Atenção! Você trabalhou em todas as construtoras existentes? Não. Dessa que você trabalhou, a macaquinha da memória registrou apenas 10 situações desagradáveis, apesar disso, em cerca de 500 dias trabalhados, você tem arquivados somente 10 fatos dolorosos, o que motiva o macaquinho do pensamento a criar uma teoria. É ou não é exatamente isso que acontece em sua casa mental?

No exemplo anterior, eu faço um recorte referente a uma vivência profissional, mas que pode ser aplicado no tocante ao fator relacionamento (familiar, conjugal, conflituoso etc) o que disponibiliza à macaquinha da memória ter matéria-prima, mediante prévia seleção, para manejar, influenciar os quatro macaquinhos. Pelo seu caráter engenhoso, ela induz primeiramente a macaquinha das emoções, atentando-se para o fato de que o macaquinho do ego é o chefe do quarteto.

Sucintamente, observar a macaquinha da memória incide na identificação de sua predisposição em manipular. Qual o objetivo em se atentar à macaquinha das emoções? Apurar seus métodos de sedução. Do mesmo modo, examinar o macaquinho do pensamento é crucial, pois torna visível as teorias que ele cria, as palestras que concede e os rótulos que impõe. Examinar em minúcias o macaquinho do ego nos leva à compreensão de seus padrões de funcionamento.

Nesse jogo dos quatro macaquinhos o maior prejuízo é ficarmos inconscientes, sem a devida compreensão do que de fato está acontecendo.

Por meio da meditação, nós observamos para ganhar consciência. Ao ganhar consciência, nós ampliamos a percepção e passamos a identificar os recursos de indução assegurados pelos macaquinhos. É isso que a meditação nos traz, capacidade de compreensão. É libertação. Oportuna é a citação de Jesus para encerrar este capítulo: "E conhecereis a verdade e a verdade vos libertará".

Na meditação você conhece a verdade, você compreende todos os padrões, assunto que estudaremos mais detalhadamente.

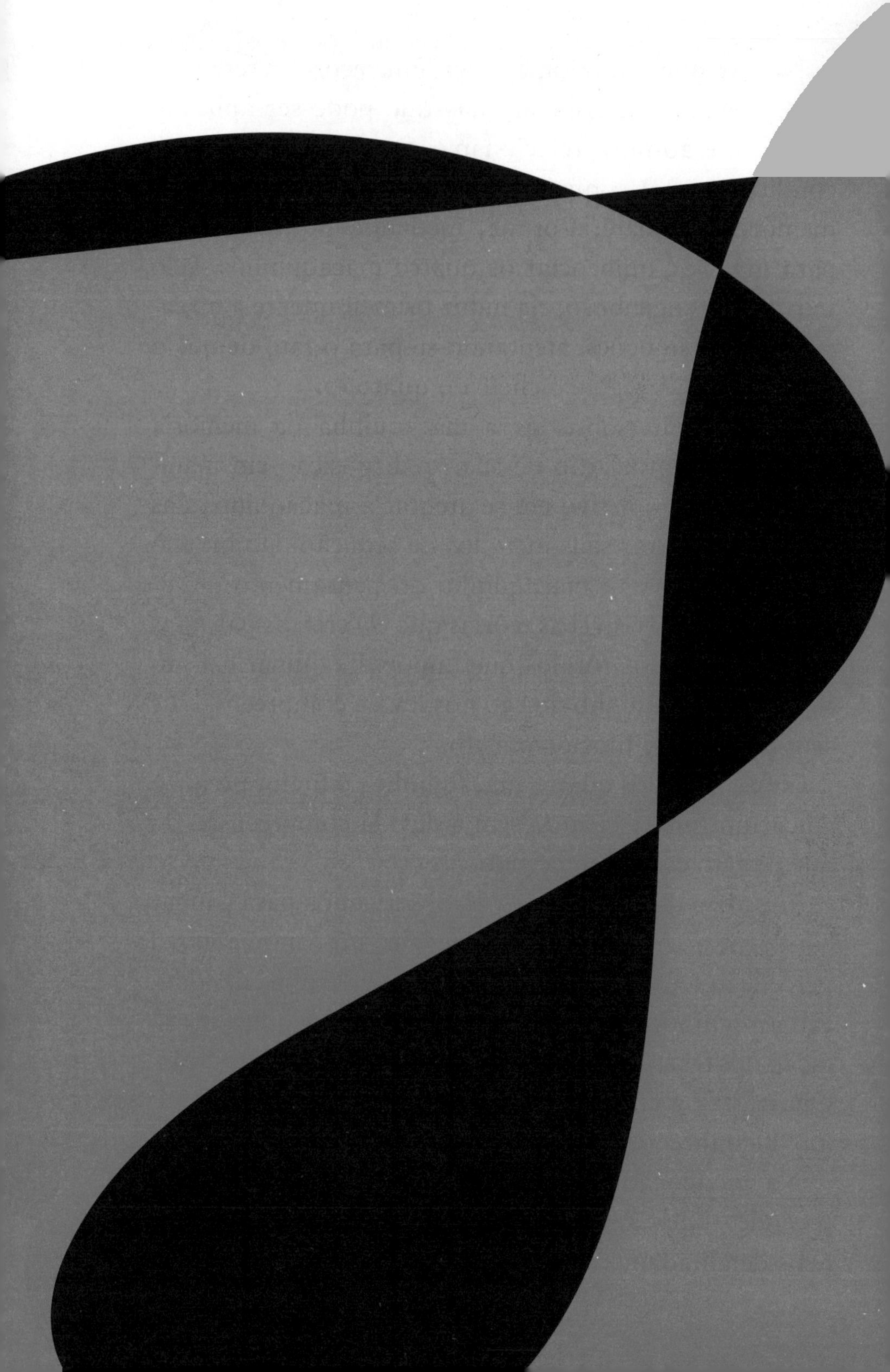

PARTE 3
MEDITAÇÃO

CAPÍTULO

9

O ELEMENTO ÂNCORA DA MEDITAÇÃO

Nos capítulos anteriores falamos sobre prestar atenção e detalhamos os elementos da casa mental. Na sequência, vamos estudar o elemento âncora da meditação. A âncora de um barco tem por objetivo mantê-lo parado. Se você o deixar solto na água, ele navega desordenadamente. Então, a âncora serve para firmar, estabilizar, ela é a base de sustentação do barco.

Esse é o sentido de âncora, porém na meditação a âncora não constitui apenas um elemento de estabilidade, mas pode ser empregada com outro propósito. Antes, contudo, vou contar um pouco de história.

Hoje, os pesquisadores de neurociências sabem que a parte de nosso telencéfalo, popularmente denominado de cérebro, responsável por todos os processos de atenção, que é o córtex pré-frontal, está localizado na região da testa. Tais descobertas foram obtidas devido às tragédias da vida (acidentes cerebrais, AVC, acidentes em que a pessoa perdeu um pedaço do cérebro porque foi alvo de um disparo etc.).

Especificamente a esse último, o caso mais célebre é o de Phineas Gage[11], um indivíduo que trabalhava em ferrovias, um homem responsável e muito respeitado por todos que trabalhavam com ele. Certa ocasião, ao manusear dinamite para fazer túneis, a fim de abrir caminho para ferrovia, Gage sofreu um acidente. Sua função era fazer pequena escavação, colocar pólvora e empurrar com um pedaço de ferro. Mas, naquele dia, por estar muito quente, o atrito entre o ferro e a pólvora causou a explosão. A barra de ferro atravessou o cérebro do funcionário, extirpando parte de seu encéfalo. Inacreditavelmente, ele sobreviveu ao trágico acidente.

Após sua recuperação, surgiram as dificuldades. Gage, considerado até então um homem sério, racional e cumpridor de seus deveres, passou a manifestar alguns problemas comportamentais, dentre eles o de fazer uso de xingamentos, ser frequentemente inconveniente, enfim, agir em desacordo com as convenções éticas. Foi a partir desse caso que os cientistas desco-

---

[11] Phineas Gage (9 de julho de 1823 - 21 de maio de 1860) foi um operário americano que teve, em consequência de um acidente com explosivos, o cérebro perfurado por uma barra de metal, sobrevivendo apesar da gravidade do acidente. Pt.wikipedia.org. Acesso em 07/09/2020.

briram que a região do encéfalo de Gage, anteriormente lesada, responde pela modulação, pelo controle das emoções no ser humano. Com a perda dessa parte do cérebro, Gage não tinha mais controle emocional, ele se tornou emocionalmente uma criança. Outra discrepância apresentada pelo ferroviário foi a dificuldade de se manter concentrado, focado.

Esse evento trágico foi revelador, trazendo muito conhecimento à ciência acerca do funcionamento do córtex cerebral, de várias regiões e da maneira como interagem. Relembrando que o córtex cerebral é a parte que nos distingue dos demais hominídeos: chimpanzés e vários tipos de macacoides.

Apropriado nesta abordagem citar Robin Dunbar, antropólogo britânico e psicólogo evolucionário, que pesquisou mais de 200 primatas e constatou que a diferença entre o encéfalo humano e o do primata é de apenas 2%, ou seja, nos seres humanos essa parte está mais desenvolvida do que nas demais espécies animais.

E que o Dunbar percebeu? Ao comparar espécies de primatas, aqueles inseridos em maior grupo social apresentavam o córtex pré-frontal mais desenvolvido. Uma espécie de primata que vive em um bando de 10 tem um córtex pré-frontal de certo tamanho, que difere daquele que interage em um grupo de 50 da mesma espécie.

Nós somos a mais nobre espécie dos primatas, o *homo sapiens*. Nós temos o córtex pré-frontal mais desenvolvido de todos, pois somos capazes de fazer o maior grupo social de todas as espécies. E ao me referir ao grupo social eu falo de interação, conversa, comunicação. Devido a essa conquista, o córtex pré-frontal aprimorado, somente o ser humano está apto a edificar cidades, eleger representantes, construir avião, chegar até a Lua etc.

Nesse ramo de pesquisa de Robin Dunbar (estudo da psicologia, das neurociências), que trabalha a evolução do cérebro, as funções psíquicas, ao compararmos o ser humano com os demais primatas aprendemos muito sobre nós mesmos. Desse modo, alcançamos a razão. E por que isso é importante? Porque o córtex pré-frontal e esse desenvolvimento do cérebro estão ligados à linguagem também, o que quer dizer que o macaquinho do pensamento controla a linguagem, bem como várias conexões e circuitarias estão sob a responsabilidade desse macaquinho, que comanda de forma incisiva essas partes nobres do córtex pré-frontal relacionadas à linguagem.

Observemos que alguns macacos têm linguagem, eles se comunicam o tempo todo. Determinado tipo de grunhido quer dizer: "Se aproxima o predador", por exemplo. Dependendo do predador, o macaquinho vai para cima da árvore ou ele foge. Os macacos emitem bramidos diferentes, e é tão curioso que nas pesquisas as quais eles foram submetidos, foi constatado que brincam, mentem, zombam um do outro, gritam somente para ver o outro se assustar e subir em árvore para se proteger e, então, começam a rir.

Estamos falando do emprego da linguagem enquanto recurso de sobrevivência. Vale citar outros animais – golfinhos e pássaros que igualmente utilizam sinais de comunicação, porém nada comparado ao nível elevado de linguagem empregado pelo ser humano que não a emprega exclusivamente como meio de sobrevivência, mas de interação, para falar do passado, contar história, construir o futuro – esse é o macaquinho do pensamento.

Em *No mundo maior*[12] o benfeitor espiritual Calderaro fala a esse respeito, asseverando que o córtex pré-frontal é a parte mais nobre de nosso cérebro. E o que causou tal desenvolvimento? As relações sociais, a conversa. É por isso que Yuval Harari[13] de forma divertida afirma que a responsável pelo desenvolvimento de nosso córtex foi a fofoca, evidentemente uma metáfora. O autor, particularmente, refere-se à capacidade de interagir, conversar, falar mal do outro, comparar.

O córtex é uma área nobre do cérebro que possibilitou ao *homo sapiens* dominar o planeta. Além de regular as relações sociais, a linguagem, a comunicação o córtex controla a atenção. Não obstante, tais atividades consomem energia. Ler um livro, atentar-se a certo conteúdo, estudar um assunto com afinco incidem em gasto extraordinário, cerca de 25% de nossa energia corporal. É por essa razão que a concentração demasiada causa cansaço, esgotamento.

Na prática da meditação, ocorre gasto de energia similar, porque exige concentração. Ao meditar, as pessoas prestam atenção em algo por certo tempo até que dispersam para aliviar o consumo energético. No contraponto, seria como um veículo que você vai aceleran-

---

12 XAVIER Francisco C. Pelo Espírito André Luiz. *No mundo maior*. Editora FEB.
13 *Sapiens*: uma breve história da humanidade. L&PM, 2011.

do, e a gasolina vai sendo consumida, até o ponto que você tira o pé do acelerador a fim de estabilizar o veículo e evitar consumo exagerado de combustível.

Em relação às operações do córtex pré-frontal, elas são mais lentas; o córtex funciona devagar ao passo que a parte mais primitiva de nosso encéfalo, o chamado circuito de Papez, o sistema límbico, o sistema das emoções, o tronco encefálico funciona muito rápido, porque é a área automática. Hipoteticamente, você está caminhando na rua e ouve o latido de um *pit bull*, imediatamente, você reage, seu nível hormonal sofre alteração, seu batimento cardíaco acelera, tudo se altera em milésimos de segundo. Essa parte do cérebro é extremamente veloz, em contrapartida, a parte do córtex que analisa, que presta atenção é vagarosa, por isso consome muita energia.

O psicólogo cognitivo Daniel Kahneman[14] curiosamente ganhou o prêmio Nobel de economia. Sua tese desafiou um conceito de mais de cento e cinquenta anos na economia. Os economistas acreditavam que as decisões que nós tomamos são racionais, principalmente as econômicas. Havia até certa equação denominada equação de Bernoulli, para calcular vantagens. Em um jogo, para saber as probabilidades de ganhar, você jogava nessa equação e, além das chances de ganhar, você podia calcular o valor do prêmio. De acordo com a análise da

---

14 Daniel Kahneman (Tel Aviv, 5 de março de 1934) é um teórico da economia comportamental, que combina a economia com a ciência cognitiva para explicar o comportamento aparentemente irracional da gestão do risco pelos seres humanos. pt.wikipedia.org. Acesso em 08/09/2020.

probabilidade, acima de cinco significava ser vantajoso jogar, abaixo de cinco não valia a pena arriscar.

Em sua pesquisa, Daniel Kahneman desafiou esse pensamento demonstrando que 90% de nossas decisões são puramente emocionais, puramente no cérebro automático. E o resultado de várias pesquisas no campo da neurociência é a obra *Rápido e devagar*,[15] (*Think fast and think slow*), em que Kahneman conceitua rápido e devagar. Rápido corresponde à macaquinha das emoções, é a nossa parte emocional, instintiva, pautada pela rapidez. Devagar corresponde prestar atenção, observar, raciocinar, ações lentas que dispendem energia e, portanto, exigem muito.

Em vista disso, é tão difícil acordar a consciência e administrar os macaquinhos, porque eles são a nossa parte instintiva, visceral, de funcionamento rápido, sem gasto de energia. Em espaço mínimo de tempo, você é capaz de lembrar de várias situações, fatos; tem emoções (tristeza, raiva, medo, ciúme, inveja, angústia) e consegue senti-las quase ao mesmo tempo, tudo no piloto automático e sem dispender energia. Entretanto, respirar e concentrar são tarefas árduas, pois consomem muita energia, o processo é lento e bruto, ele é artesanal.

Essa explicação prévia visa assentar nosso conhecimento, pois não se trata de "achismo", mas de conhecimento verdadeiro. Nesse estudo, o objetivo é estudarmos o tema com bastante profundidade, a fim de construir-

---

15 KAHNEMAN Daniel. *Rápido e devagar*. Ed. Farrar, Straus, Giroux, 2011.

mos uma prática meditativa fundamentada, consciente, sem misticismo, cientes do que estamos fazendo.

Ao considerarmos que concentração exige esforço e consumo de energia, na prática da observação qualificada devemos treinar a consciência. É muito importante ressaltar que a consciência também tem desdobramentos físicos. Ao falar em consciência, eu não me refiro tão somente a um conceito abstrato, espiritual, mas peso uma base neurológica, uma base no encéfalo, no sistema nervoso central, um aspecto que nos remete ao ensinamento do benfeitor Calderaro, na obra supracitada, no trecho em que ele afirma ser o encéfalo a parte inexplorada de nosso cérebro, que será desenvolvida pelo ser humano do futuro.

O benfeitor espiritual cita ainda três tipos de cérebro "o cérebro triuno", estudado somente vinte anos após a publicação da obra de Francisco C. Xavier, pelo grande pesquisador de neurociência Paul MacLean[16] em seu livro extraordinário *The triune brain in evolution*. Nesta obra, o autor aborda o cérebro primitivo, o do automatismo; ele analisa o sistema límbico, que trata das emoções, essa parte nobre que nós poderíamos denominar de consciência, sem, contudo, a consciência estar localizada no neocórtex, no córtex pré-frontal. Em tempo, a consciência utiliza bastante o córtex pré-frontal, onde há inúmeros neurônios ainda inexplorados.

---

16 *The triune brain in evolution. Role in paleocerebral functions.* Plenun, 1990.

E retomando a afirmação de Calderaro – os seres humanos do futuro utilizarão mais essa região, consequentemente, serão pessoas de autodomínio, mais serenas, observadoras e compassivas, que terão a prática da meditação.

E a meditação, que é o treino da consciência com o fim de observar de maneira qualificada, consome energia, por isso a necessidade do treino. Para aquele que corre, vencer cinco quilômetros é simples. É, igualmente, simples encontrar a solução para uma operação matemática à pessoa que faz cálculos. Quando há treino, fica mais fácil, e o treino, com o passar do tempo torna-se um hábito.

Ademais, algumas vezes estamos tão acelerados, que não prestamos atenção em nosso interior. Seria como o jogador que sofre uma lesão durante o jogo, enquanto o corpo está aquecido ele não sente a lesão, que sentirá somente posteriormente. Por essa razão é que quando meditamos, devido à redução de nosso ritmo, conseguimos sentir coisas que antes passavam despercebidas. Existem relatos de pessoas que começam a meditar e sentem dor no peito, no joelho, na cabeça etc.

Vale destacar que a meditação não causa dores, mas aponta a dor preexistente, anteriormente velada pelo estresse, uma vez que a prática da meditação alivia o corpo. A depender do que você apurar, procure um médico, faça uma averiguação, pois um organismo sobrecarregado não desempenha, não realiza com maestria.

O nosso corpo é uma referência, tem seu ritmo, igual à música que precisa ser tocada na pulsação dela, caso contrário, estará fora do ritmo. O músico pode estar afinado, mas se não cantar ou tocar no mesmo padrão haverá problemas na execução da música. Identicamente, nosso corpo assegura pulsação, cadência. O compositor Villa-Lobos dizia que Deus nos deu um compasso.

Quem marca o compasso da vida é o coração, é a respiração. Um dos benefícios trazidos pela meditação diz respeito a educar a mente a entrar no ritmo do coração e da respiração, a dispor a mente no ritmo saudável do corpo. A mente não deve ficar presa a esse ritmo, no entanto deve aprender a seguir o ritmo do corpo – essa é a primeira recomendação dos grandes mestres da meditação – orientar a mente a seguir o corpo. Deixar o corpo disciplinar, ordenar a mente.

O corpo está sempre alerta ao ambiente que o circunda. Mas a mente nem sempre. Seu corpo pode estar diante do(a) companheiro(a) captando a imagem, ouvindo, percebendo a temperatura, mas a mente não estar acompanhando o que está sendo falado, por estar no passado alimentando uma mágoa, ou pensando no que fará no dia seguinte, no futuro. É por isso, que a mente precisa do corpo, para fazê-la voltar ao presente, a se conectar com o agora. Uma mente centrada é mais eficiente e gasta menos energia.

Meditação é movimento, e não existe equilíbrio sem movimento, não há equilíbrio na inércia. A estabilidade e a harmonia estão no movimento ordenado, ritmado. Tudo no universo se move devido à constituição atômica (elementos constituintes de toda matéria) que vibram o tempo todo.

Treinar a consciência não é tarefa simples, mas com o tempo torna-se fácil, porque vira um hábito, e o hábito descomplica as coisas. De acordo com o velho ditado chinês: "Uma jornada de mil milhas começa com o primeiro passo". É assim, ninguém começa do final. É preciso insistência, perseverança, determinação até a ação se tornar automática.

Mas, se na prática da meditação gastamos energia, por conseguinte precisamos de sustentação. Em que momento o elemento âncora passa a figurar no processo de observar?

O que é o elemento âncora?

O elemento âncora sustenta a consciência quando ela fatiga, porque observar os macaquinhos causa exaustão. Trata-se de um componente acidental, não essencial da meditação, contudo ele auxilia na prática. Ao iniciar seu exercício, juntamente com você os macaquinhos passam a agir (tristeza, angústia, medo, raiva; lembranças da infância, da adolescência, da idade madura, das relações; pensamentos, ideias; julgamentos das comparações), o que ocasiona certo estresse. Nesse momento, você vai lançar mão do elemento âncora, porque na meditação esse suporte não apenas estabiliza, mas recarrega as baterias da consciência.

O elemento âncora é multifacetado, apresenta-se em muitas vertentes – desde respiração, música, mantra, estímulo visual, som de um sino, uso de incenso, exercício físico, até lavar louça. De elemento âncora eu posso usar a água caindo da torneira? Posso. É relevante essa definição de elemento âncora, pois a maioria das pessoas confunde meditação com elemento âncora – um coadjuvante que auxilia a consciência a recuperar a energia perdida e a manter a estabilidade. É importante ressaltar, contudo, que meditar não é a água, não é o sino, não é o incenso, tampouco a música indiana.

No Oriente, inclusive na China, na Índia, há técnicas meditativas que empregam o barulho do mar. Você é livre para escolher que posição quer meditar: deitado, na posição de Lótus, ou em uma caminhada, enquanto ouve o canto dos pássaros, tais quais os monges tibetanos. Mingyur Rinpoche é um monge tibetano que levou a meditação para os Estados Unidos, o que o tornou famoso. Ele recorre a elementos âncora surpreendentes, por exemplo, o som de uma criança chorando. Sendo assim, você pode optar pelo elemento âncora que considerar pertinente: aroma específico, canto gregoriano, música clássica, sertaneja e tudo que sua imaginação trouxer bem-estar.

Respeitados mestres da meditação – chineses, indianos têm milênios de vivência em meditação; civilizações antigas que incorporaram essa experiência, pelo treino constante, e granjearam distinguir nuances. Foi constatado ser totalmente legítimo usar, de elemento âncora, algo que venha a estimular um dos sentidos.

Segundo tais mestres da meditação, a consciência poderia ter um ponto de apoio, posto que pelo exercício de observar atentamente os macaquinhos advêm desconcentração, fadiga. É indispensável que a consciência tenha um lugar para voltar, uma base que lhe permita recuperar energia e restabelecer atenção e concentração. Ademais, o elemento âncora contribui para a manutenção do ritmo harmônico durante a prática da meditação.

Nessa linha de raciocínio, para nos situar na dinâmica da meditação, vamos analisar vários elementos âncora. Vamos iniciar pelo mais famoso e antigo de todos, que é a respiração.

Respiração

A respiração assegura melhoria de nossa fisiologia. Em momentos de agitação, aceleração do coração, o exercício cadenciado de inspirar e expirar normaliza não apenas o batimento cardíaco, mas as taxas de glicocorticoides, neurotransmissores ligados à serenidade. A respiração de forma consciente altera uma série de processos fisiológicos.

Em nossa análise, eu vou empregar a respiração intencionando dois objetivos: reabastecer a energia e ter um lugar para onde voltar. Você precisa respirar com sua consciência, comandar a respiração. Inspirar e expirar de forma pausada, profunda e rítmica, porque a respiração controla o batimento cardíaco. E na posição que lhe convier: deitado, sentado, em pé, no lugar que se sentir confortável. E confortável no sentido literal da palavra, quando não há incômodo.

Você inicia a meditação, sincronicamente os macaquinhos estabelecem conexão entre si, tentando adormecer a consciência. A desordem provocada por eles é tamanha a ponto de você se perder. É nesse momento que você precisa do elemento âncora, de um lugar para voltar – a respiração.

Ao retomar a respiração, sua consciência assume novamente o leme. Ao se concentrar na respiração, você esquece os macaquinhos, por meio segundo que seja, e se fortalece, cria um fôlego, literalmente, uma força para sua consciência recuperar a energia. Mas, somente meio segundo? No início sim. Com a prática, você consegue, focando na respiração, aumentar esse tempo em quatro, cinco, dez segundos.

Mas, afinal, a respiração é a meditação ou é o preparo? A respiração é o elemento âncora da meditação, o suporte, semelhante àqueles andadores que as crianças usam quando começam a andar. De posse de firmeza, equilíbrio, a criança abandona o andador. De modo similar, após anos de meditação, nós também dispensamos o elemento âncora, mas de início e pelos próximos dez, quinze anos nós vamos precisar de um apoio.

O elemento âncora compõe um suporte, um recurso. No momento em que você perde a concentração, devido ao tumulto que os macaquinhos criam em sua mente, a respiração ajuda, socorre, protege, de modo a recuperar a energia e voltar a observar os macaquinhos. Você respira e espera, porque eles vão aparecer, um de cada vez, ou os quatro de uma só vez. O que fazer? Apenas observe.

Porém, em certo momento da prática, você passa a interagir com os macaquinhos, e sua apreciação perde em qualidade. Exemplificando: você inicia a meditação – relaxa, começa a respirar, mas subitamente vêm o cansaço, o sono, e se você ceder certamente vai adormecer. Então, o ideal é voltar para a âncora, voltar para a respiração. Conte um, dois, três, quatro, cinco, seis, sete, concentre-se no pulmão, na sensação do ar entrando pelas narinas. Anestesiou? Continue a respirar e, se preferir, respire um pouco mais rápido. Seguramente, haverá alteração em sua fisiologia, haverá recuperação de energia.

Na sequência, volte para observação, atente-se novamente aos macaquinhos. Em uma prática de cinco ou dez minutos, você muito provavelmente vai lembrar de um milhão de memórias, sentir muitas emoções, pensar mil coisas, e a sua voz interior vai falar sem parar. Não se incomode com isso. Eu tenho de controlar meu choro? Absolutamente. Não se importune com o choro, com a coceira que possa surgir, com a tristeza, a angústia, a alegria. Porque, dar ouvidos aos macaquinhos significa "plugar" com eles, deixar a consciência à deriva, de modo a ser capturada por eles. De posse da consciência, o próximo passo é confiscar sua meditação.

Qual é o equívoco mais comum dentre os iniciantes de meditação? É se inquietar com emoções, lembranças, pensamentos, com a voz interior e com reações físicas. O incômodo é indício de que a consciência deixou de observar de forma qualificada e passou a interagir e a interferir. A função da consciência é observar tudo que estiver acontecendo, mas sem julgamento, com compaixão. A prática lhe dará subsídios de sair da meditação consciente de seus pensamentos, emoções, lembranças e de que forma se inter-relacionam. E por que é preciso estar ciente de suas funções psíquicas? Para absorver qual o padrão de relacionamento entre elas, ou melhor, dos macaquinhos.

É evidente que se trata de um padrão de interação muito complexo a exigir observação constante. Cada indivíduo possui um padrão de interação. Os meus macaquinhos não são iguais aos seus. As lembranças que trago em minha alma são diferentes das suas. O meu macaquinho do pensamento não é proporcional ao seu. Suas ideias e crenças, teorias que abraçou, a maneira que pensa e enxerga o mundo são peculiares. Os quatro macaquinhos se relacionam de acordo com o padrão que é somente seu, de mais ninguém. Por isso, que no início de nosso estudo eu falava do universo particular, do mundo interior, da casa mental. A sua casa mental é sua, é única; a minha é minha, há similaridades, porém, não somos iguais. Cada um de nós é uma raridade, uma peça preciosa da Criação.

Por essa razão, quanto mais eu observo mais refinada se torna a minha observação. "Mas, eu meditei hoje e eu não sei o que eu pensei, eu não sei o que eu senti". Então, amanhã tem de ser melhor. Na meditação de amanhã, você precisará lembrar de pelo menos uma emoção, um pensamento, uma lembrança e um julgamento que a voz fez. "Mas, eu estou observando e eu vi que eu estou misturando". Volte para o elemento âncora, respire.

Estou meditando, mas lembrei do boleto que vence amanhã. Respire. Por que devo respirar? Porque você estava mergulhando na lembrança. Você parou de meditar para refletir nas contas a vencer. O que era para ser meditação transformou-se em reflexão sobre boletos. Isso não é meditação, isso é divagação, é quando a consciência perde o rumo. E se perdeu o rumo, ela tem para onde voltar – para o elemento âncora. Se o elemento âncora é a respiração, retome. Conte de um a seis, reabasteça, posicione-se e continue a observar. Respire e deixe os macaquinhos interagirem, fazerem desordem. Apenas observe.

Sensações corporais

Nós vamos falar de outro elemento âncora ligado às sensações corporais. Na meditação, ao usarmos as sensações corporais de elemento âncora, para onde volta a consciência ao divagar? Nessa prática, você vai focar, fazer um escaneamento de seu corpo – escolher, de início, partes de seu corpo e tocá-los se considerar necessário. Tomemos a orelha de modelo, então, você se concentra na orelha a fim de perceber a sensação corporal.

Em minha experiência, eu tenho constatado que a maioria das pessoas não têm consciência corporal. Há pessoas muito abaixo da média, são aquelas que frequentemente batem o joelho na quina dos móveis, queimam os dedos, esbarram em algum lugar, arranham-se porque não se permitem estar no corpo, não têm consciência corporal. O corpo é um elemento âncora fantástico. Há âncora mais pesada do que o corpo? Na prática da meditação, eu sinto minhas costas, minhas pernas, as nádegas encostando na cadeira, eu sinto meus braços, meus pés, eu tomo consciência. Portanto, o corpo é um excelente referencial, porque eu tenho para onde voltar.

Como vimos, o elemento âncora ajuda a concentrar, ele é o foco de sua atenção. Enquanto estiver praticando a meditação, atente-se aos macaquinhos, e no momento em que divagar, preste atenção ao elemento âncora. Caso seja o corpo o seu elemento âncora, eu sugiro que nas primeiras meditações a respiração seja mais fácil. Contudo, é importante treinar a consciência corporal, variar os elementos âncora, um aspecto que favorece a ampliação da percepção.

Houve três experiências em minha vida que me proporcionaram ampliar minha consciência corporal – duas cirurgias de menisco e um problema em três hérnias de disco. Para mim, a dificuldade em recuperar os movimentos após a cirurgia foi imensa, o que exigiu muito esforço e persistência. Mas, por outro lado, essa vivência me permitiu alcançar meu corpo e seus movimentos.

E na meditação, a dinâmica é a mesma. Embora a consciência de todo seu corpo não seja obtida de imediato, você começa com movimentos conscientes – um carinho no joelho, um toque na coxa, no dedo indicador, a fim de se perceber. Especificamente, yoga, pilates, hidroginástica, musculação, *spinning* possuem exercícios espetaculares que possibilitam desenvolver consciência corporal, e que você pode utilizar em suas práticas de meditação.

Escolha áreas de seu corpo para concentrar, para eleger como elemento âncora. Enquanto mexe as mãos, os braços, você faz meditação. Chega uma lembrança: "Tenho de ligar para minha mãe" – observe e concentre. Concentre-se no movimento de seu braço. Em seguida, vem a emoção: "Me deu saudade de minha mãe". Libere a emoção, libere a lembrança.

Toda vez que você realiza uma atividade com máxima consciência, foco total e atenção plena, você medita. É por isso que os norte-americanos chamam de *mindfulness*, a mente plena. Você prossegue com a prática, chega o pensamento, e você o observa, concentra-se em seu braço, no que está sentindo, no movimento. Movimente a cabeça, sinta o pescoço, observe. O elemento âncora é seu corpo.

Outro recurso interessante é usar a garrafinha de água gelada para encostar no corpo. Então, vem uma lembrança, observe, encoste a garrafa gelada, sinta o gelado em seu antebraço. Sensação. Ou ainda, quando sentir a emoção tristeza – olhe para ela, olhe com compaixão, sem julgar, sem comparar. Apenas observe.

Mas, eu noto que estou me perdendo, divagando – eu aperto a minha mão. Concentrei. Elemento âncora. Minha consciência recuperou, a minha consciência se apoiou. Relaxo a mão devagar. Continuo a observar. Outra situação: vem um pensamento, sinto que estou me perdendo, aperto a mão novamente, sinto que dói, então eu solto. Percebeu o quanto essa ferramenta ajuda a manter sua concentração? Sendo assim, ao dispersar, divagar, recorra a qualquer parte de seu corpo e toque, faça uma massagem, sinta.

Caso você não consiga aquietar, faça *spinning*, pedale devagar e sinta a coxa, a panturrilha, os pés, a musculatura da lombar, os músculos da parte posterior da coxa. Concentre, então vem um pensamento, observe. O que está vindo? Você não vai fazer um *spinning* qualquer, você vai se atentar às emoções que surgirem, aos pensamentos. O que essa voz diz enquanto você se exercita, o que ela julga, o que ela compara? Continue a sentir. Caso não aprecie pedalar, opte pelo polichinelo, ou por qualquer outro exercício. O mais importante é se concentrar em seu corpo, ter consciência corporal.

Vou revelar uma particularidade: quando retomei meus estudos de violão, meus dedos estavam rígidos, e foi justamente esse aspecto que meu professor trabalhou comigo inicialmente, o relaxamento e a consciência dos dedos. Eu precisava fazer o movimento, mas sem ficar tenso. O que eu faço hoje? Eu medito fazendo exercício, tocando violão. Pego uma partitura, vou repetindo um trecho da música, porque me concentro em meus dedos, de forma consciente.

O sono é outro fator de impedimento para quem tem pouca prática de concentração. Aconselha-se a começar aos poucos, com um minuto apenas. Depois de certo tempo, para dois, três minutos. Porém, não se recomenda fazer meditação quando se está extremamente cansado.

Eu sugiro determinar um horário específico para meditar – assim que acordar, dois minutos antes de se levantar, do modo que preferir. Acordou, medite. Alongue o corpo, use-o de elemento âncora.

Qualquer atividade pode ser feita com ou sem meditação. Eu posso tocar violão sem meditar, apenas no piloto automático. Enquanto toco, presto atenção em outra coisa, não estou meditando. Mas, posso tocar violão e meditar, de modo a estar atento a cada dedo de minha mão, na sensação da corda do violão, no barulho que produz. Eu também posso dançar, ensaiar um passo, contar de um a cinco, voltar, fazer os movimentos. O que vale é perceber o movimento que está fazendo.

Meditar e costurar ao mesmo tempo também é possível. Passa uma linha para cá, passa para lá, move aqui. Você pode meditar enquanto toma suas refeições. Comendo, presta atenção em suas emoções, pensamentos. Começou a divagar? Tome água. Sinta a água. Por quê? Porque o elemento âncora é um apoio. E a meditação? A meditação é observação. Observe os macaquinhos e o elemento âncora. Caso o elemento âncora seja seu corpo, volte para ele toda vez que divagar nos macaquinhos.

Independentemente da posição que estiver, sinta seu corpo. Pode ser deitado, assim você sente o travesseiro, sente as costas, o corpo todo encostando na superfície onde está deitado. Procure sentir. Trata-se de sensações pouco percebidas, porque não nos atentamos a elas, não estamos conscientes delas.

Resumidamente, nós temos, portanto, um conjunto de ferramentas: a respiração e o corpo, as sensações que consistem em dois poderosos elementos âncora.

Percepção auditiva

A utilização da audição enquanto elemento âncora é um recurso utilizado desde a inauguração da meditação. Em função disso que os grandes mestres da meditação cantam mantras e em muitos ambientes de prática de meditação colocam aquele sino que emite um som contínuo e grave.[17]

Em contrapartida, existem sons que você pode usar, mas jamais escolheria. Um zumbido no ouvido, por exemplo, você pode empregar de elemento âncora? Perfeitamente, porém não é uma tarefa fácil ao iniciante em meditação pela falta de habilidade, pelo fato de ainda não ter introjetado a meditação.

De início, você deve optar por sons mais contínuos, por melodias com pouca variação, de modo a evitar a desconcentração e deixar de ser elemento âncora para se transformar em mais um elemento de divagação. Embora cada um tenha seu gosto musical, aconselha-se uma melodia mais serena; dê preferência àquela de poucos instrumentos. Essa recomendação justifica a preferência de alguns praticantes de meditação pelo som do mar, por ser um som constante, ele vai e volta. O som da chuva ou de cachoeira também possui a característica de constância, remete ao natural. Há pessoas que preferem o som de pássaros cantando, mas não muitos ao mesmo tempo, mas um canto ou outro.

Ao longo da prática, ao constatar que está se distraindo, volte para o som, concentre-se, sinta cada detalhe. Ouça o som atentamente. Para as pessoas que ainda não desenvolveram a consciência auditiva, aconselha-se treinar a audição, movimentar esse sentido. Fique alerta, experimente o som, sem pensar, apenas ouça. À medida

---

17 Sino Tibetano é como uma pequena cumbuca, geralmente feita em bronze, alumínio, ou cristal, também conhecida por tigela tibetana, tigela cantante e orin.

que você acolhe a audição como elemento âncora, sua percepção auditiva se amplia, e você passa a distinguir sons anteriormente ignorados.

Experimente hoje, antes de iniciar sua prática de meditação, ouvir aquela música que você adora para dar uma "aquecida". Aquecer o músculo da atenção, o músculo da concentração é essencial. Em seguida, coloque uma música agradável para iniciar sua prática. Preste atenção ao som e comece a meditar, porque aquela música já preparou seu ambiente.

Com o decorrer do tempo, você vai se transformar em um perito na arte de ouvir, uma vez que sua audição estará qualificada, um aspecto que impacta na vida, nos relacionamentos, pois parar tudo para ouvir o outro melhora muito a relação. Quantos relacionamentos estão com problema porque o casal não tem o hábito de escutar um ao outro, escutar sem julgar, escutar sem comparar? Muitos. Porque a audição não está treinada. Então, utilize a audição de elemento âncora. O som é primordial; o som tem propriedades impressionantes, é transformador, porque move coisas dentro de nós. E a consciência, ao recorrer ao elemento âncora, seja a respiração, a sensação corporal ou o som, deixa de julgar.

E as nossas forças psíquicas, mentais, conectadas ao nosso sistema límbico, envolvem várias regiões integradas, abrangem vários sentidos físicos. O primeiro deles é o olfato, o segundo a audição, o terceiro a visão. Você sente um cheiro e diz: "Nossa, lembrei da minha tia lá do interior de Minas, quando eu ia na casa dela há

25 anos". Você sente um cheiro e ativa uma memória e um conjunto de emoções.

Digamos que enquanto tocavam uma música em determinado lugar, você recebeu uma notícia desagradável, aquele fato ficou gravado. Por quê? Porque a nossa memória, o nosso sistema límbico, o sistema de recompensa e o sistema de punição funcionam muito no prazer e na dor. No exemplo acima, a experiência dolorosa, associada ao episódio da música ficaram fixados, assentados, e ao ouvir novamente aquela música você experimenta a emoção e a lembrança da notícia desagradável. Tudo está interconectado.

Em nosso campo mental, os macaquinhos que controlam a audição são: a macaquinha das emoções, sistema límbico, e a macaquinha da memória, que é o hipocampo e as regiões ligadas à memória. E o que frequentemente ocorre? A nossa audição é refém dessas duas macaquinhas.

Eu estou descrevendo o circuito do encéfalo cerebral, estruturas cerebrais que funcionam ligadas a esses sentidos. A maioria de nós, toda vez que escuta, lembra, sente emoção, traz as duas macaquinhas que estavam faltando. A etapa seguinte é o julgamento, a comparação, elemento representado pelo macaquinho da voz interior, que segue acompanhado dos pensamentos a respeito do que se está ouvindo. Isso mostra que não conseguimos ouvir sem julgar. Mal começamos a ouvir, e a audição aciona os quatro macaquinhos. Nós vivemos tão mergulhados em nosso universo particular, acostumados a viver em função dos quatro macaquinhos que nossa consciência está anestesiada, consequentemente, não aproveitamos os sentidos físicos.

Embora eu esteja aqui trabalhando o sentido da audição, vou dar um exemplo generalizado que engloba os demais sentidos: A pessoa inicia sua meditação com uma música, que nos primeiros 30 segundos aciona os macaquinhos; imediatamente, ela para de ouvir a música. Por quê? Porque mergulha nas traquinagens dos quatro macaquinhos. Nesse momento, o objetivo da prática se perde, pois o iniciante não acompanha mais a música. Ocorre da mesma forma em relação a uma conversa – a pessoa parece interagir com o interlocutor, mas por estar totalmente envolvida com os quatro macaquinhos (uma lembrança, uma emoção, um pensamento, uma voz julgando) a conversa reverte-se em som de fundo, vira som ambiente.

Ao empregar o elemento âncora audição, eu também preciso ouvir, concentrar em cada som, em cada nota. Após certo tempo, a audição torna-se refinada, a escuta fica sofisticada, precisa, uma vez que aprendemos a aproveitar, a ouvir realmente a música. Como foi dito acima, a maioria das pessoas usa a música de pretexto, sem prestar atenção, logo, não usufruem do momento.

Por esse ângulo, a meditação contribui para o desenvolvimento de nossos sentidos também. Com um pouco mais de treino em meditação, começa-se a introduzir os mantras, que são sons contínuos, depois sons com pouca variação de ritmo e de melodia, músicas mais calmas, de modo que a música não se transforme no personagem principal, que o elemento âncora continue a atuar na função de ator ou atriz coadjuvante, sem se sobressair, deixando exclusivamente ao cargo da consciência o papel de protagonista.

Mas, eu posso ouvir música sem meditar, então quando eu estou ouvindo música, ela é o elemento principal. Na prática de meditação, a música que uso de elemento âncora não é a atriz principal. A consciência, a protagonista do enredo, é que deve observar; é a consciência que eu preciso despertar a fim de que obtenha autonomia. É fundamental que ela se separe dos macaquinhos, amplie a percepção e se torne soberana, autossuficiente.

E após longo período de treino, aptos a aceitar outros desafios em relação à audição, podemos eleger, de elemento âncora, sons desagradáveis, como o som da furadeira do vizinho, o barulho do ar-condicionado, ou até mesmo, dependendo do praticante, o som do ronco de alguém. O exercício consiste em deter naquele som, que deve estar isento de crítica, comparação ou julgamento; caso a emoção tome assento não será mais a consciência a observar o som, mas a macaquinha das emoções, ou seja, se aquele som despertar em mim alguma lembrança, é a macaquinha da lembrança que estará em ação, escutando o som. Desse modo, ao tomarmos o som de elemento âncora, a nossa postura é daquele que apenas escuta e se atém aos detalhes do som, nada mais.

O ideal é definir uma hora, um lugar em que você possa determinar o som mais adequado. Porém, há situações que não permitem escolhas. Quero aqui registrar uma das experiências mais profundas de meditação que tive nessa minha vida: Certa ocasião, eu fiquei hospitalizado para investigação de um problema. Nesse período de investigação, eu fui submetido a uma ressonância magnética, o que me rendeu permanecer algumas horas naquele aparelho estreito, cuja sensação é de desconforto, principalmente para quem tem claustrofobia, o que era o meu caso.

Para mim, essa oportunidade significou grande experiência, porque eu me entreguei de alma para praticar tudo o que sabia acerca de meditação. De elemento âncora, eu elegi aquele som do aparelho de ressonância e meditei por horas. Eu acredito que se fosse um videogame, eu diria que mudei de nível! No término do exame, o enfermeiro me disse estar surpreso, pois apesar de todo incômodo trazido pelo exame eu estava calmo. Entretanto, eu sentia muita dor e a dor, associada ao som do aparelho, retrataram uma ocasião muito especial que me levaram à meditação profunda. E nas práticas de meditação, durante o período de internação, eu recorri diversas vezes à dor como elemento âncora, porque a dor é uma sensação corporal, faz parte do sistema sensorial de nosso organismo físico.

A compreensão sobre o funcionamento do elemento âncora audição, do elemento âncora sensação e do elemento âncora respiração será mais efetiva no próximo tópico, quando iremos abordar o quarto elemento âncora, que é a visão, e apresentar algumas técnicas de como usar esse sentido na meditação.

Percepção visual

Nós temos um sistema sensorial de visão perfeito. Os cones e bastonetes (células especializadas em transformar os estímulos luminosos), que é a luz, uma onda eletromagnética no espectro visível, a convertem em impulso elétrico, o que nos permite enxergar. Você olha, até a célula transformar isso, até o impulso chegar ao lobo occipital que é onde está, principalmente, a região do cérebro que trata dos impulsos visuais e outras regiões do cérebro lobo temporal, porque quando esse impulso chega ao cérebro, ele forma a imagem, as cores etc. A nossa visão na verdade reconstrói o objeto segundo alguns princípios, os mais relevantes são:

Princípio da figura-fundo – a seletividade perceptual não ocorre aleatoriamente, há alguns critérios de relevância que o cérebro atribui a determinados estímulos. Existem aqueles que ganham relevância e tornam o foco da sua atenção que é chamado de FIGURA e todos aqueles outros que estão sendo percebidos em segundo plano que serão o FUNDO. Assim, os estímulos que foram percebidos como fundo ficam em *stand by*, preparados para que algum determinante atue e ele deixe de ser um mero fundo para se tornar a figura. Existe uma reversibilidade da figura-fundo, ou seja, as coisas não são eternamente figuras, nem são eternamente fundo.

Princípio do preenchimento – em função de uma experiência anterior, o cérebro, mesmo recebendo informação incompleta de um estímulo, percebe esse estímulo como sendo completo. Se o objeto da atenção forem quatro quadrados incompletos, a nossa visão completa. Há um teste bastante interessante que consiste em escrever um texto inteiro, apenas com a primeira e a última letras das palavras corretas, nas demais palavras embaralha-se as letras. Resultado: consegue-se ler o texto perfeitamente, o cérebro reconstrói. Isso se explica pelo fato de aquela informação ter sido transformada em impulso elétrico – chegou no cérebro, ele reconstrói.

Princípio da proximidade – se os objetos da atenção estiverem próximos, o cérebro interpreta de modo a formar um conjunto.

Princípio da semelhança – quando eu me deparo com vários estímulos, essa percepção não é individual, os estímulos que forem parecidos uns com os outros serão percebidos enquanto grupo, pois quando vemos coisas semelhantes nossa tendência é unir.

Princípio da simplicidade – temos a tendência a simplificar o que estamos enxergando. Os estímulos percebidos são decodificados e organizados por meio do filtro da seletividade perceptual e isso ocorre para podermos interagir adequadamente com o mundo. Imagine-se dirigindo e seu cérebro registrando cada detalhe do seu carro, dos outros carros e do caminho, seria impossível dirigir assim.

Esses conceitos aqui apresentados visam ao entendimento de como funciona o trabalho de reconstrução de nosso cérebro. Você olha, o cérebro capta o objeto e faz a reconstrução. E é importante salientar que em nosso cérebro há região especializada somente em captar a cor, outra em captar a forma, outra ainda que captura orientação espacial, e o cérebro, no que lhe diz respeito, cumpre seu papel de reunir, orquestrar tais informações de maneira espetacular – essa é a maravilha da visão.

Os neurocientistas asseveram que o nosso sentido da visão é criativo, porque em verdade o cérebro não reproduz exatamente o que vemos, ele cria. Logo, o corpo humano é fantástico, o corpo humano é divino!

A visão enquanto elemento âncora consiste em escolher algo para olhar – pode ser uma paisagem, um pássaro, uma fotografia, um objeto, a lua, as estrelas, o que você preferir.

Vamos supor que eu escolha de elemento âncora uma garrafa preta e cromada. Ao olhar o objeto, o que acontece? Se o macaquinho do ego estiver em cena, ele começará a comparar: "Será que essa garrafa é cara, barata, feia, bonita? Eu adoro preto com cromado; eu não gosto de cromado". Nesse momento, o macaquinho do ego não está vendo, mas julgando. E a macaquinha da lembrança: "Nossa, lembrei da minha adolescência quando eu tinha uma garrafinha, que levava para a escola". Em seguida, a macaquinha das emoções: "Estou triste, lembrei do meu tio que morreu, ele gostava dessa garrafa".

A garrafa, inicialmente escolhida para ser o elemento âncora, tornou-se apenas um pretexto para eu julgar, lembrar, emocionar, pois envolvido com os macaquinhos, não vejo mais a garrafa, uma vez que para a macaquinha da lembrança tudo é pretexto para lembrar; para o macaquinho do ego tudo é pretexto para comparar e julgar, assim também para a macaquinha das emoções tudo é pretexto para se emocionar. Sendo assim, designar a visão de elemento âncora incide em averiguar a forma da garrafa, o cromado, a tampa e todos os seus detalhes. É se limitar a olhar, a contemplar a garrafa, sem emoção, comparação ou julgamento, sem associar a qualquer tipo de lembrança.

"Ah, mas a macaquinha da lembrança começou a lembrar". Deixe lembrar, continue olhando. "Veio uma emoção". Deixe a emoção chegar, concentre-se em olhar a garrafa. Deixe tudo fluir, enquanto isso você olha, foca, concentra. É dessa forma que podemos usar a visão de elemento âncora.

Em relação às técnicas de meditação, há fatos curiosos: certos monges budistas solicitavam aos seus discípulos observarem, por exemplo, uma pequenina pedra, e a pessoa permanecia ali a contemplar a pedra por três, quatro horas. Ou pediam para pessoa limpar o banheiro, limpar o azulejo – limpar um azulejo por quatro horas. A princípio pode parecer tortura, mas não é; o objetivo era ensinar ao aspirante à meditação a arte de observar. Não se trata de tarefa difícil, porém exige treino.

Nós, quando bebês, usávamos a mesma técnica, mas de forma lúdica, ao ficarmos meia hora com algo na mão, brincando e olhando. O que faz um bebê? Ele usa o elemento âncora sensação, porque ele leva tudo à boca, ele sente; usa a sensação tato; ele recorre ao sentido visão; ele escuta. Se um bebê faz, nós também conseguimos fazer. Resumindo: nós nascemos sabendo meditar, mas esquecemos. E nesse momento, eu remeto ao grande letrista mineiro Fernando Brant que diz em uma de suas belíssimas letras: "Há um menino, há um moleque, morando dentro do meu coração, toda vez que o adulto balança, ele vem e me dá a mão".[18] Ou seja, esquecemos a criança que vive dentro de nós; esquecemos as coisas simples da vida que são partes de nós. Por isso, que meditação é difícil. Contudo, ela ensina e permite que a criança que mora dentro de você lhe dê a mão, lhe salve e lhe resgate deste mundo agitado.

Na prática de meditação, então, apenas observe e explore o mundo, use a visão para explorar, perceber detalhes. Veio emoção? Permita que se vá, sem se identificar com ela; à medida que você se mistura com certa emoção, vem outra. Experimente apenas emoções, não se reconheça nelas. Uma memória é uma fotografia dentro de sua vida, entretanto, sua vida é muito maior do que memórias, lembranças ou pensamentos que você guarda.

O elemento âncora visão implica olhar a forma, a cor, o movimento. Escolha um aspecto para não ficar muito complicado. Inicialmente, você pode optar pela cor (tonalidades, detalhes); na próxima etapa, olhe a forma. Você brincou disso quando era criança, quando olhava para as nuvens e tentava identificar a forma que se apresentavam (quadrado, retângulo, cone, círculo). Resgate essa prática. Além da forma, permita-se atentar à cor ou ao movimento das nuvens que mudam a todo momento. A escolha de um pássaro, ou de uma árvore é igualmente válida desde que apenas contem-

---

[18] Verso da música *Bola de meia, bola de gude*. Fernando Brant e Milton Nascimento.

ple, sem envolvimento. Identificou a emoção, percebeu que está divagando, volte.

E o hábito de muito observar, além de remeter ao elemento âncora na meditação (ter para onde voltar) privilegia o seu olhar: leva você a se dar conta de que faz tempo que não olha para seus filhos, para seu companheiro ou companheira, que não se atenta a certos fatos e situações, que tem os olhos, mas não enxerga devidamente, porque não os utiliza. E a prática da meditação traz esse benefício, aprimora a visão e proporciona a você andar olhando para os lados e se fixar no agora.

Para encerrar esse capítulo, quero fazer uma analogia. No filme *Resgate* eu ouvi a seguinte frase:

> "Você não se afoga caindo em um rio, mas ficando submerso nele."

Em outras palavras, se você tropeçar e cair na água, não vai se afogar, ao menos que permaneça debaixo d'água. Então, o que precisa fazer? Vir para a superfície. Na meditação, divagou, a consciência começou a se misturar com os macaquinhos, caiu no rio? Observe com compaixão, sem julgar, volte para o elemento âncora – volte para a superfície.

CAPÍTULO

10

CONCENTRAÇÃO, ATENÇÃO E PRESENÇA

Neste capítulo, vamos analisar três elementos que transformam uma atividade comum em atividade meditativa que são: concentração, atenção e presença. Retomemos ao ato de lavar a louça – enquanto realizo essa ação eu posso estar pensando em algo que fiz no dia anterior e que causou certa emoção, em suma, eu estou divagando, com os quatro macaquinhos no comando total. Às vezes, você se abstrai tanto que nem percebe que acabou de lavar a louça.

Como é o estado de divagação? É um conjunto de emoções, de pensamentos, de lembranças, é aquela voz o tempo todo falando, esse é o estado normal de divagação da mente. A grande questão aqui, ou melhor, a grande dificuldade do mundo hoje é que a maioria dos seres humanos passa considerável parcela de tempo em total distração. De acordo com o que foi estudado até aqui, a tendência, para quem passa muito tempo divagando, é se identificar totalmente com os macaquinhos. Com a consciência adormecida, você não consegue perceber que ela é o EU profundo.

E, mergulhado em uma multidão de emoções, você transforma sua mente em vozerio, em tumulto. Ao longo do dia, se fizer uma média do momento que acorda, até o momento que vai dormir o quanto você divaga, o resultado é surpreendente.

E esse estado de distração vem se acentuando ainda mais devido ao uso excessivo de celulares e *internet*, o que obriga que sejam realizadas várias tarefas simultaneamente. A psicologia cognitiva comportamental comprova que exercer mais de uma função ao mesmo tempo, além de não trazer a perfeição, gera uma situação de ausência. Como é possível atender ao telefone e dirigir o carro? Você está onde? E a pessoa diz: "Eu estou nos dois lugares". Não, você não está em lugar algum.

O mundo moderno estimula demais a sermos multitarefa. É fato que a flexibilidade é imprescindível na vida, existem situações em que você vai executar duas, três, quatro ações ao mesmo tempo, e isso é normal, natural, contudo, o que não pode é estar o tempo todo na multitarefa. No entanto, existem estudos que demonstram não ser possível fazer algumas tarefas, simultaneamente, por exemplo, atentar-se a uma palestra em outro idioma e ao mesmo tempo resolver operações matemáticas, bem como dirigir e falar ao celular é perigoso, porque a capacidade de processamento do cérebro é limitada.

O estado permanente da multitarefa gera desgaste, esgotamento mental e psíquico. É importante reservar momentos do dia com a finalidade de meditar, olhar para dentro de si e observar os macaquinhos. Até mesmo o carro de Fórmula 1 tem suas paradas, e olha que ele anda a 300 km por hora, mas se os mecânicos não abastecerem e não trocarem o pneu do carro, acontece um acidente.

Atenção é um patrimônio precioso que você tem. E vivemos em um mundo repleto de estímulos para atrair nossa atenção. Atualmente, as redes sociais vendem atenção das pessoas para as empresas, para comprarmos algo. Somos expostos a tantos estímulos que normalmente chegamos a níveis elevados de estresse; existe a síndrome de *Burnout*[19] que é uma fadiga total.

A quarentena pelo covid-19 de certo modo nos obrigou a aprender a fazer o *pit stop*. Eu senti saudade de divagar no *shopping*, na praça de alimentação e comprar uma pipoca, ver um filme, olhar aquelas lojas, porque isso nos dá sensação de estarmos fazendo coisas, mas na verdade estamos divagando, e isso é importante, entretanto, precisamos equilibrar, ter um momento para dedicar à atividade meditativa. Você escolhe uma atividade.

---

19 A síndrome de Burnout (do inglês *to burn out*, algo como queimar por completo), também chamada de Síndrome do Esgotamento Profissional, foi assim denominada pelo psicanalista alemão Freudenberger, após constatá-la em si mesmo, no início dos anos 1970. https://pt.wikipedia.org/wiki/S%C3%ADndrome_de_burnout

É nadar? Então, vá nadar, concentre-se em seu exercício. Você prefere caminhar, concentre-se em sua caminhada, é o seu *pit stop*. Vai tomar um banho? Concentre-se, sinta a água cair, aprecie o momento.

O ideal é dedicar pelo menos dez minutos diários à meditação plena. Mas, o que é a meditação plena? É observar minha casa mental, meu mundo íntimo, meu universo particular. Essa é a distribuição a que devemos estar atentos. Posso fazer a multitarefa? Posso, mas eu preciso ter dois *pit stops*, determinar uma atividade para fazer com atenção plena e ter um momento de meditação plena.

> **A meditação é maior que o *mindfulness*. A meditação mesmo é o *mindfulness* e mais o acordar da consciência.**

O *mindfulness* é uma parcela da meditação, não a meditação completa. E eu preciso ter esse momento também.

Ao compreendermos os elementos essenciais da meditação, percebemos que ela é profundamente pragmática, ancorada em nosso corpo físico, por isso é que traz tantos benefícios.

A meditação é um exercício da consciência, mas a consciência está alicerçada no encéfalo, onde se localiza a glândula pineal que forma um grande quartel general da consciência. Isso quer dizer que os quatro macaquinhos têm sua sustentação no encéfalo e, portanto, todos os elementos âncora são fisiológicos. Você quer algo mais fisiológico do que a respiração, o sistema somatossensorial, a audição, a visão, o olfato. Gostaria que você ficasse atento a fim de perceber que tudo o que estamos falando acerca de consciência, dos quatro macaquinhos, dos elementos âncora tem sua base dentro do crânio, no encéfalo e na medula espinal; que o sistema nervoso central coordena tudo: recebe, processa e responde a tudo.

Nós temos muito mais sensores, por exemplo, nos lábios e nas mãos, do que no ombro. Wilder Penfield foi um grande estudioso norte-americano, da região somatossensorial e, em homenagem a ele, foi feito um desenho que é o homúnculo de Penfield, que é um bonequinho que apresenta lábios e mãos proeminentes, ele é desigual. Por quê? Porque aqui em nosso encéfalo, a região sensorial não está igualmente representada.

Se a sua intenção é usar a sensação de elemento âncora, utilize essas regiões que estão mais bem representadas no corpo. Recorra às mãos, aos lábios, às orelhas. À mão associa-se a habilidade, e o controle que o ser humano tem com as mãos é um diferencial, a começar pelo polegar opositor, que nos garantiu vantagem evolutiva extraordinária. A boca representa meio de comunicação, de percepção, de sabor. Quanto à visão, está também dividida no córtex occipital. Há uma área específica para perceber cor, outra área para captar forma e outra ainda para captar somente o movimento. A audição também tem regiões e processamentos específicos.

Reitero que, ao treinar esses elementos âncora você fortalece a percepção dessas áreas, adquire mais consciência auditiva, mais consciência visual, melhora o olfato, a respiração, porque toma mais consciência de seu corpo físico, o seu instrumento de trabalho aqui neste mundo.

Mindfulness e meditação profunda

Reportagens têm mostrado aumento significativo no uso de antidepressivos, remédios para dormir, violência doméstica, surtos, necessidade de intervenção psicológica ou até mesmo intervenção psiquiátrica. E a meditação, embora um elemento complementar de eficácia comprovada, não substitui a psicoterapia, nem mesmo o tratamento psiquiátrico, contudo auxilia, potencializa os demais recursos destinados a tratar a mente, a apaziguar a solidão, o isolamento, a angústia, a tristeza, um complemento maravilhoso que pode ser usado sem contraindicações.

Nós temos dois tipos de meditação: uma meditação mais simples e rápida e uma meditação mais profunda, que exige outros elementos. Então, é como se fosse uma gradação. Na forma mais simples são acionados apenas alguns elementos; na meditação profunda, são acionados todos os elementos da meditação, um verdadeiro mergulho. Metaforicamente, é como se estivéssemos em uma piscina, onde é possível dar um mergulho suave, ou mergulhar fundo, a vinte, trinta metros.

Meditação Simples

Iniciemos nossa abordagem pela meditação mais simples, mas não menos importante. A meditação mais simples, ou *mindfulness*, de acordo com a denominação americana (o vocábulo *mind* basicamente tem o sentido de mente total) representa foco total, nela são acionados três elementos: atenção, concentração e presença. Nós temos salientado neste estudo que a meditação é uma prática da consciência, é ela quem exercita durante a meditação. Na minha convicção, a consciência é imortal, mas você não precisa concordar comigo, basta entender que a consciência é o EU profundo, é o EU superior, é a nossa essência mais profunda, a mais interna.

O que acontece se você ficar um mês e meio sem andar? Os músculos atrofiam, por falta de exercício. De modo similar, a atenção, entendida aqui em sentido figurado, é uma musculatura que requer movimento. Quanto mais praticamos atenção, mais capazes de manter o foco e concentrar; quanto mais praticamos, mais robusta fica nossa atenção.

Se eu não treino atenção, eu me torno mais desatento, absorto, é como se a minha casa mental fosse um barco à deriva, à mercê de qualquer vento que sopra. Com o passar dos anos, quanto menos você treina a atenção, mais distante do mundo real você fica. Trata-se de um estado de desatenção, de distração, o que leva à dificuldade de estar presente.

O mundo é todo estruturado para levar à distração. O bombardeio de estímulos, de informações provoca a divagação, por isso devemos treinar a musculatura da atenção. Um dos grandes problemas do planeta é a total falta de presença, as pessoas estão nos lugares, mas realmente não estão; estão ouvindo, mas na verdade não estão. Nós geralmente experimentamos as coisas pela metade: escutamos pela metade, amamos pela metade, nos relacionamos pela metade, porque não estamos totalmente focados, essa é a grande questão.

Mas, o treino da atenção me leva a aprender a me concentrar. Concentração é quando eu seleciono de um conjunto de atividades, apenas uma. Então, não há problema em ter um conjunto de atividades, você está na multitarefa, porém para concentrar é fundamental selecionar. Na concentração, você foca em uma tarefa, desliga o modo multitarefa. Isso é concentração, é treinar a musculatura da atenção, e quanto mais praticar, mais apto a se concentrar você fica. Ao comparar a minha capacidade de concentração antes de praticar meditação, constato que hoje, após anos de prática, minha concentração se ampliou, multiplicou aproximadamente em dez vezes.

Então, retomemos o conceito de *mindfulness*. Imagine que você queira meditar e ouve um carro buzinando. Você não tem controle sobre a buzina do veículo, mas sobre o seu foco, sua concentração você tem. Isso é *mindfulness*, é mente totalmente focada, atenção plena, concentração total. Você está concentrado, mas precisa ter prática.

No estado de presença, a sua consciência convoca todo seu ser para o momento presente, o que não exprime falta de planejamento futuro. Seja responsável, planeje o futuro sem deixar de olhar para o passado, pois o passado é professor, ele é mestre que nos ensina com os acertos e com os erros. Você consegue mudar o passado?

Não, você consegue aprender com o passado. E agir hoje no futuro, você é capaz? Você não tem controle sobre o futuro, porém deve ser previdente. De real, você tem somente o agora, o momento presente; aqui você pode agir, pode fazer tudo. E eu digo, se você fizer tudo que puder fazer, nesse momento, fique tranquilo, pois você terá dado o seu máximo.

Há um adágio que diz: "Aquele que deu tudo, a mais não é obrigado". Se você realizou algo com toda competência, não é obrigado a mais, pois já colocou toda sua alma naquilo. Não é agir segundo o conto da cigarra e da formiga – viver o presente como se fosse viver em uma festa, isso é imprevidência, isso é desatino.

Então, vai conversar com alguém? Aproveite. *Mindfulness* é isso, é esse mergulho inicial, é treinar a musculação da atenção, fazer com que os músculos da atenção adquiram o poder da concentração que é um poder avassalador, é aprender a estar presente. O estado de presença é "eu estou aqui agora", seja lavando a louça, arrumando a casa, dançando, caminhando, digitando, seja escrevendo este livro. O que importa é estar com a alma plena, porque eu escolhi esse momento e estou extraindo o melhor dele. Presença. *Mindfulness,* atenção, concentração, estado de presença.

Meditação profunda

Na meditação profunda, nós vamos mais além do estado de presença, concentração e atenção, nós despertamos a consciência, o EU profundo. Ao abordarmos a estrutura do cérebro, elucidamos que os macaquinhos têm uma base no encéfalo. A macaquinha da memória tem o hipocampo, tem regiões do lobo temporal; a macaquinha das emoções tem todo o circuito, o sistema límbico; o macaquinho do pensamento tem o córtex pré-frontal e várias outras regiões motoras, somatossensorial que ele utiliza. O macaquinho do ego é o articulador, que abrange também parte do córtex pré-frontal, a nossa capacidade de julgar, de raciocinar, esse é o macaquinho do ego, nossa fisiologia, parte do tronco encefálico, que nos conecta com a vida, que nos dá movimento, equilíbrio. Assim, todos esses macaquinhos têm uma base fisiológica, orgânica, visceral. Então, diante de uma estrutura tão orquestrada, precisamos acordar a nossa consciência, que é o EU profundo, a dona da casa mental.

Todos sabemos que na doença do Alzheimer, que por enquanto não tem cura, regiões do cérebro vão sendo comprometidas, especialmente o hipocampo, a amígdala que regula a emoção, que regula nosso senso espaçotemporal, por isso que a pessoa portadora de Alzheimer vai perdendo a noção, ela pode entrar em uma sala cheia de pessoas e se despir, porque não tem mais discernimento. A doença afeta o hipocampo, então a pessoa, paulatinamente, perde a memória, a macaquinha da memória e a macaquinha das emoções vão se tornando anêmicas, raquíticas.

Certo dia, o netinho chegou para a avó em estágio avançado de Alzheimer, a fim de lhe dar um abraço, porém ela não o reconheceu. Naquele instante, o menino tomou um choque, e, entristecido e quase chorando, dirigiu-se a um canto e a vó, ao olhar o netinho disse: "Eu não me lembro de você, mas eu sei que te amo". Era a consciência falando. Ainda que os macaquinhos estivessem comprometidos, a consciência estava viva.

Assim, a função da meditação profunda é acordar a consciência, que é imortal. A consciência desperta é aquela que olha para memórias, emoções, pensamentos, para o ego de maneira compassiva, amorosa, sem emitir qualquer juízo de valor, ou comparação. A meditação assegura aos macaquinhos movimentação mais harmoniosa, ordenada, rítmica.

Essa é a meditação profunda, que convida a viajar para seu universo interior, para o mais profundo de sua casa mental, cujo propósito é observar, acordar sua consciência. Em acréscimo, a meditação beneficia o indivíduo, no tocante a torná-lo mais seletivo, pois ao dispender menos atenção com futilidades, a atenção ganha em qualidade.

Mas, caso você se identifique demais com suas lembranças, esteja preso a acontecimentos do passado, pense nessa vovó com Alzheimer. Você quer perder sua memória com Alzheimer ou aprender a meditar profundamente e se libertar de suas memórias e emoções? Há pessoas que dizem: "Ah, eu sou triste, não consigo sair da minha tristeza". Você não é a tristeza, você é mais, você pode se libertar de tudo isso. Pare de se definir pelos seus pensamentos, lembranças, pare de se definir pelo seu ego. Separe a consciência, que é o sal, que é a luz.

Está dito em Mateus 5,13-14: "Vós sois a luz do mundo, vós sois o sal da terra". O sal é a consciência, que tem o poder da vontade e precisa se desconectar dos macaquinhos para retomar sua essência – ser sal, ser luz.

Conceda à sua consciência a oportunidade de voltar a ser sal da terra, luz do mundo. "Vós sois deuses". Não somos nosso corpo, não somos nosso encéfalo, mas centelhas divinas – nós somos deuses.

CAPÍTULO
11

VIVER O AGORA

Vamos iniciar esta reflexão recorrendo a uma comparação. Digamos que eu decida viajar de Belo Horizonte para o Rio de Janeiro. Quando eu tiro o carro da minha garagem, será que consigo enxergar o Rio de Janeiro? Não. Antes, eu preciso planejar minha viagem, o que inclui verificar qual rodovia tomar, a velocidade máxima permitida para manter minha segurança na estrada, calcular o tempo de viagem, quanto vou gastar de combustível – isso é cuidado, é planejamento.

Além do mais, eu não tenho detalhes da viagem. Eu não sei o que vai acontecer pelo percurso, eu nem sei se chegarei ao meu destino. Então, viver o presente não significa não programar, não planejar o futuro. Você se prepara, planeja naquilo que é possível e coloca o carro em movimento. E o que é a viagem? A viagem é você dirigir, é executar o planejamento; o passado é o retrovisor, de vez em quando você olha para o retrovisor, e precisa olhar, porque o passado nos ensina muito.

Tudo parece lógico quando tomamos por comparação uma viagem. Apesar disso, há indivíduos, metaforicamente falando, que dirigem olhando exclusivamente para o retrovisor. São aquelas pessoas atreladas a certas lembranças, ligadas àquele recorte de vida.

O hábito de fixar o passado torna-o presente. Estar estagnado a momentos, lembranças, ressentimentos, mágoas ou ao saudosismo trava o ser humano. Vamos relembrar que a macaquinha da memória trabalha com o circuito da recompensa, então gravamos fatos prazerosos ou dolorosos.

É preciso ter consciência que ao reviver o passado, nós matamos o presente e prejudicamos o futuro. A nossa relação com o passado deve ser semelhante à relação do motorista dirigindo, a toda hora ele "checa" pelo retrovisor a fim de se certificar quanto à segurança em fazer uma curva, uma manobra; na hora de parar o motorista prudente também olha no retrovisor. Vamos relembrar que ter o passado de referência é necessário, pois implica aprendizado.

Esse é um aspecto relevante, merece atenção. Há certos livros que ao abordarem a questão do poder do agora, do poder do presente sugerem que devemos jogar o passado fora. Mas, se eu tirar de você todas suas experiências vividas, você deixa de ser você, pois foram as experiências que o transformaram em quem você é.

Como diz Caetano Veloso: "Cada um sabe a dor e a delícia de ser o que é".[20] Todos nós temos aspectos que são deliciosos e outros que são dolorosos; todos nós temos características horríveis, mas as excelentes também. Nós estamos falando do poder do agora, do presente que representa uma dádiva. Então, não é para você jogar o passado fora, mas agir feito o motorista – antes de qualquer manobra, olhe no retrovisor. Do contrário, você não aprendeu com a experiência.

Digamos que um indivíduo tenha se envolvido em uma sociedade comercial, o que resultou em perda de capital. Ao se envolver em empreendimento futuro, terá como referencial a experiência anterior, caso contrário repetirá o mesmo erro. Olhar somente para o passado significa perder as oportunidades, as alegrias e os desafios do agora, e isso é muito crucial. Ainda que o presente esteja repleto de dádivas, muitos se comprazem em estagiar no passado.

De outro modo, pensar apenas no futuro não favorece o indivíduo, que não se beneficia do presente – uma postura que traz ansiedade e deságua na divagação. Voltemos ao exemplo da viagem: eu saio de Belo Horizonte e, ao longo da viagem, dirigindo para o Rio de Janeiro,

---

20 Verso da música *Dom de iludir*.

eu vou formulando um roteiro do que pretendo fazer ao chegar à cidade. Mas, se eu me distrair, não prestar a devida atenção na condução agora, há probabilidade de não chegar.

É muito comum a todos nós, vez ou outra, darmos início a certa atividade, mas não a devida continuidade. Há pessoas totalmente entorpecidas, encantadas com o futuro, que carregam sonhos, elaboram planos, ideias fascinantes, sem se ater ao presente que está passando, esvaindo-se. A não vinculação com o presente, com o agora denota empecilho à execução, à realização de qualquer atividade. O agora é o agora; é no agora que eu tenho de rir, tenho de chorar, experimentar, fazer e realizar. O presente não deve ser encarado feito um cárcere.

Para complementar nossa reflexão a respeito de viver o presente, deixo uma frase de Chico Xavier, referente ao modo com que ele lidava com a disciplina: "A disciplina não é uma cela trancada. É a chave da porta que lhe permite sair e voltar". Ele finaliza a ideia salientando que a pessoa indisciplinada não é livre, mas escrava, pois está sempre fugindo do agora, fugindo para o passado ou para o futuro. A disciplina é uma grande aliada para quem realmente valoriza o agora; sua falta leva ao encontro do não viver, do não experimentar tudo que o agora tem a oferecer.

A pessoa voltada tão somente para o futuro é ansiosa, não consegue renunciar às possibilidades, almeja todas ao mesmo tempo. Nós somos capazes de enxergar, de olhar em todas as direções, mas não de caminhar em todas as direções. Vamos retomar o exemplo do motorista: ao dirigir ele pode olhar para os lados, para frente, olhar no retrovisor, mas não pode andar em todas as direções, simultaneamente. É por essa razão que a pessoa que vive no futuro estagia sempre na fantasia das possibilidades, por acreditar que está habilitado a caminhar em todas as direções ao mesmo tempo.

Afinal, como lidar com o futuro? Olhando, planejando, prospectando. Eu posso olhar, eu devo olhar em todas as direções, entretanto, viver o agora corresponde a concentrar em algo e fazer bem-feito, dar o meu melhor, mas não tentar abraçar todos os atalhos.

> **Ter consciência de minha limitação é uma realidade que precisa ser aceita.**

E, ao aceitar essa verdade, eu passo a deslumbrar o brilho, o clarão do agora, a força do presente. Há muitos relatos de pessoas que afirmam ter vivido momentos aflitivos na infância. Mas, ainda estão na infância? Não mais. Passou, e a vida continua. A sequência das transformações, de agora em agora, vai transcorrer.

Então, onde está a sabedoria?

A sabedoria está nessa capacidade de lidar com os macaquinhos. Ao me ligar com a macaquinha da lembrança eu conecto com o meu passado e com tudo o que eu vivenciei de bom, de prazeroso e de doloroso. Subestimar a macaquinha da memória é o mesmo que desconsiderar todas as experiências que estão arquivadas, que estão sob a sua tutela.

Pode ser que neste momento você esteja totalmente identificado com suas memórias, com o que viveu. Não obstante, o fato de viver agora representa libertar a consciência, separar as experiências e memórias e usufruir do verdadeiro poder do agora. Ainda que seu macaquinho da lembrança seja sensacional, ele jamais será silenciado, porque é parte de você, pela razão de você ser maior do que as experiências que viveu.

Se você fizer um balanço do montante das experiências vividas e todas que ainda há para viver, qual é a maior? Certamente, as que serão vividas, porque você é um ser imortal. Por que, então, se agarrar ao passado?

Relativamente ao futuro, temos o macaquinho do pensamento. A pessoa futurista diverga, aposta. Que garantias ela tem de que tais prognósticos irão se concretizar? Nenhuma. O macaquinho do pensamento é importante, mas ter planejamento, sonhar, calcular, visualizar é imprescindível. Se identificar com o macaquinho do pensamento representa negligenciar o presente.

Vou narrar uma experiência: Certa vez, resolvi viajar para Natal, Rio Grande do Norte, acreditando que teria 24 horas de sol. Então, passei a conjecturar que os meus dias de lazer seriam de céu azul, mar, muito sol e água de coco. No dia seguinte, o céu estava nublado. E todos aqueles prognósticos, aqueles preparativos perderam o sentido. Em meio a essa surpresa, a macaquinha das emoções chegou me trazendo angústia, desapontamento, tudo porque o tempo estava nublado.

E como reverter o estado de frustração? Vivendo o agora. No meu caso, tive de remanejar e trabalhar com o tempo nublado, com o mormaço. Estava nublado, mas o mar estava tranquilo, e aproveitei aquele momento, brinquei, mergulhei tanto que esqueci de que nos meus planos o céu estava aberto e o sol estava a pino. Eu esqueci de tudo e abracei o presente.

E o que aconteceu? Eu me bronzeei, nadei no mar com chuva pela primeira vez. Aproveitei muito aquela experiência, meditei com aquela chuva, pois estávamos em um lugar muito tranquilo, totalmente seguro. Talvez, se tudo tivesse seguido de acordo com o planejado eu não teria aproveitado tanto. É o agora.

Chegamos ao final deste livro, espero que você tenha entendido que o mundo está em profunda transformação, e nós temos apenas o agora, apenas o presente. E pode ser que estejamos vivendo experiências que jamais imaginamos viver.

E que meditação não se resume em esvaziar a mente, mas lhe dar uma coreografia harmônica e rítmica. Que ela nos auxilia a viver o agora.

O agora é a matéria-prima, único bem que você tem em mãos que lhe permite construir tudo que anseia de mais bonito e maravilhoso. O agora é a sua argila, o presente é a matéria-prima disponível para sua consciência cocriar. Coloque a mão nesse agora, aproveite essa matéria-prima e faça algo. Sabe por quê?

Feito é melhor do que perfeito. Faça. O que adianta o perfeito imaginado?

Nós precisamos do feito, do realizado. Tome posse do agora, do presente e viva-o, porque o presente é meu e é seu.

Para receber informações sobre nossos lançamentos, títulos e autores, bem como enviar seus comentários, utilize nossas mídias:

letramaiseditora.com.br
@ atendimento@letramaiseditora.com.br
▶ letramaiseditora
◉ letramais
f letramaiseditora

haroldodutradias.com.br
Baixe o APP – Odisseia
▶ Haroldo Dutra Dias – Odisseia
◉ haroldodutradias
f haroldoddias

Esta edição foi impressa pela Lis Gráfica e Editora no formato 155 x 230mm. Os papéis utilizados foram o Papel Chambril Book LD 90g/m² para o miolo e o papel Cartão Supremo 250g/m² para a capa. O texto principal foi composto com a fonte Sabon LT Std 13/18 e os títulos em Open Sans 40/44.